Tras los pasos de los...

DIOSES DE EGIPTO

BLUME

Título original:
Sur les traces des... dieux d'Égypte

Traducción:
Jorge González Batlle

Coordinación de la edición en lengua española:
Cristina Rodríguez Fischer

Primera edición en lengua española 2003

© 2003 Art Blume, S.L.
Av. Mare de Déu de Lorda, 20
08034 Barcelona
Tel. 93 205 40 00 - Fax 93 205 14 41
E-mail: info@blume.net
© 2002 Éditions Gallimard Jeunesse, París, 2003

I.S.B.N.: 84-95939-66-5
Depósito legal: B. 40.426-2003
Impreso en Filabo, S.A., Sant Joan Despí (Barcelona)

CONSULTE EL CATÁLOGO DE PUBLICACIONES *ON-LINE*
INTERNET: HTTP://WWW.BLUME.NET

Tras los pasos de los...

DIOSES DE EGIPTO

OLIVIER TIANO | CHRISTIAN HEINRICH

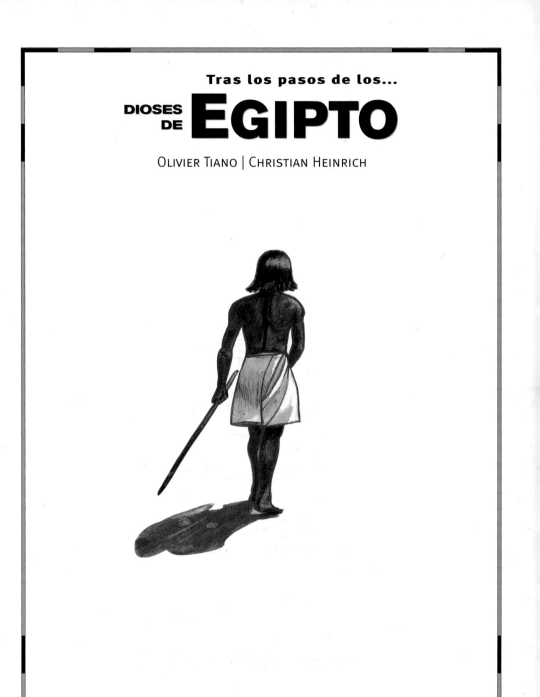

BLUME

El dios Re 6

12 Los dioses

La búsqueda de Isis 14

24 De Asuán al Delta

Set contra Horus 26

36 El templo egipcio

Cuentos para el rey Quéope 38

48 El faraón

El cuento del náufrago 50

60 El comercio

El cuento de los dos hermanos 62

78 La agricultura

El libro de Tot 80

92 La escritura

La batalla de Qadesh 94

108 El ejército egipcio

La entrada al más allá 110

120 La muerte

122 Fuentes de los relatos

El dios Re

Al principio era el Nombre, cuando aún no existía ni el cielo ni la tierra, cuando ni siquiera existía la muerte. Únicamente el Nombre habitaba el universo, que en aquellos tiempos era una extensión infinita de agua sin el menor rastro de luz ni de movimiento.

En el seno del Nombre residía **Atón-Re**. En un principio, dijo:

–Soy **Jepri** y he hecho surgir del Nombre la primera colina que he alcanzado; soy **Re**.

De ese modo Re se convirtió en el primero y en el padre de todos los dioses.

Tras esto escupió por primera vez y de su saliva nació **Shu**. Después escupió por segunda vez y de su saliva nació Tefnut, la hermana de Shu. Pero éstos se alejaron de él y su corazón se entristeció.

Entonces se puso a llorar, y de sus lágrimas nacieron los hombres. Los hizo a todos distintos: egipcios, asiáticos, nubios, libios. Y a todos ellos les dijo:

Atón, Jepri, Re: los egipcios adoraban al sol bajo tres formas. Jepri, el sol naciente; Re, el sol en su plenitud, y Atón, el sol poniente.
Shu: aire luminoso que separa la tierra del cielo.

–Yo crearé para vosotros la tierra y el cielo, las plantas y los animales terrestres, los pájaros y los peces, y de ese modo podréis vivir y multiplicaros.

A continuación, Re ordenó a su ojo derecho:

–¡Ve y encuentra a mis hijos!

El ojo recorrió todo el universo e hizo volver a los hijos de Re junto al dios. Después Re les dijo a sus descendientes:

–¡Cread la tierra y el cielo!

Y de Shu y Tefnut nacieron **Geb** y **Nut**. Geb invadió el universo e hizo reposar al Nombre, pero Re volvió a hacer que el Nombre, padre de los dioses, brotase de la tierra como el Nilo en Egipto, y que cada año inundase el país.

Entonces Re ordenó a su hijo Shu:

–¡Separa la tierra del cielo!

Shu se situó entre Geb y Nut, y creó los ocho Hehu, los cuatro pares de pilares que sostienen el cielo y que lo separan de la tierra.

Finalmente, de la unión de Geb y Nut nacieron Osiris, Haroeris, Set, Isis y Neftis. Geb dio a Osiris la tierra de Egipto; a Set, los desiertos que la rodean; y a Haroeris, el espacio luminoso. Isis contrajo matrimonio con su hermano Osiris, mientras que Neftis hizo lo propio con su hermano Set.

De este modo, Re creó los dioses y los hombres, las tierras en las que éstos viven y los animales que pueblan los mares y el cielo, así como los que corren por la tierra,

Geb: dios de la tierra.
Nut: diosa del cielo.

la que nos proporcionan los servidores de Atón-Re en su palacio de Heliópolis.

Cuando Re se convirtió en soberano de los hombres y los dioses, advirtió que los hombres empezaban a conspirar contra él, pues se habían dado cuenta de que estaba envejeciendo. Pero Re se enteró de lo que se preparaba contra él y su palacio en Heliópolis, y se dirigió a ellos con estas palabras:

–Convocad a Shu y a Tefnut, a Geb y a Nut, así como a mi padre, el Nombre, y a toda su corte. Que todos ellos acudan a mi palacio para aconsejarme.

Cuando estos dioses estuvieron en su presencia, les dijo:

–¡Oh, dios de los primeros tiempos, oh dioses **primigenios**, los hombres, las lágrimas de mi ojo, conspiran contra mí!

Primigenio: el más antiguo.

Decidme lo que haríais en mi situación. Siento una gran cólera, pero no quiero matarlos hasta que haya oído lo que tenéis que decirme a este respecto.

–Oh, hijo mío –respondió el Nombre–, tu trono está bien establecido y grande es el temor que inspiras. Envía tu ojo a aquellos que conspiran contra ti.

Re dijo entonces:

–Mirad a los hombres. Saben que está llevándose a cabo esta reunión y ya huyen hacia el desierto temblando de miedo.

–Envía a tu ojo a que les persiga –le aconsejaron los dioses–, y que dé caza y mate a todos aquellos que hayan proyectado cometer actos malvados. Tu ojo no tiene rival a la hora de sembrar el terror. Que adopte la forma de la diosa leona, Sejmet la terrible, y que descienda sobre ellos para cazarlos y darles muerte.

Entonces la diosa descendió a la tierra y se dirigió al desierto, donde se habían escondido los hombres para escapar a la cólera de Re. Pero nadie podía escapar a una ira tan terrible.

Sejmet realizó una inmensa masacre, tras lo cual Re envió a la tierra un mensajero para que dijera a la diosa que regresara de nuevo junto a él, puesto que ya había llevado a cabo su venganza.

Pero Sejmet respondió:

–Tan cierto como que tú eres Re es que he aterrorizado a los hombres, he probado su sangre y he encontrado placer en ello.

–Es suficiente –le dijo entonces Re–. Has matado ya a bastantes hombres y, en cuanto a los que quedan vivos, no todos son culpables.

Pero Sejmet no quiso someterse a la voluntad de su padre y se adentró en el desierto decidida a reemprender su terrible tarea al despuntar el alba.

Re regresó a su palacio de Heliópolis y ordenó que se enviasen mensajeros a **Elefantina** para que le trajesen una gran cantidad de una sustancia llamada *didi*, de color parecido al de la sangre, y mandó asimismo que se elaboraran grandes cantidades de cerveza. Después hizo mezclar la cerveza con un poco de *didi* para teñirla de rojo, y con esta mezcla se llenaron más de siete mil **tinajas** que se transportaron hasta un lugar cercano a donde dormía la diosa.

Al alba, cuando ésta despertó, encontró ante sí un gran charco de color rojo y pensó que era sangre. Lo probó y le gustó tanto que bebió y bebió hasta quedar totalmente **ebria** y con el corazón tan contento que ya no volvió a pensar en los hombres.

Re ordenó también que, a partir de entonces, todos los años, en la fiesta que se celebraba en honor de **Hathor**, se elaborasen grandes cantidades de aquella bebida que emborrachaba y apaciguaba el ánimo, para de ese modo evitar que en el futuro la diosa volviera a encontrarle gusto a la sangre de los hombres.

Elefantina: lugar situado en el extremo sur del reino (donde hoy se halla Asuán), en el que se creía que nacía el Nilo y la crecida anual del mismo.

Tinaja: recipiente de gran tamaño destinado a la conservación de líquidos.

Ebrio: borracho.

Hathor: diosa de las fiestas y de la música. Sejmet representaba su aspecto más terrorífico.

LOS DIOSES DEL ANTIGUO EGIPTO eran muy numerosos. Cada ciudad poseía un templo con sus propias divinidades, y la importancia de cada una de ellas variaba según las épocas. Algunos dioses, como Osiris, la divinidad de los muertos, su esposa Isis y su hijo Horus, gozaron de una gran estima en Egipto a lo largo de toda su historia.

Amón

Isis

Nut, Shu y Geb

Selqet

Shu
Dios del espacio, aquí aparece representado en el interior de su barca. Detrás de él se encuentra la diosa del cielo, **Nut**, y debajo se halla estirado el dios de la tierra, **Geb**.

Amón
Era el gran dios de Tebas, aunque se convirtió en el protector de todo Egipto. En honor a él se construyeron inmensos templos donde los fieles le ofrecían incontables tesoros. A cambio, él aportaba victorias y riquezas al país.

Isis
Hermana y mujer de Osiris, era la imagen de la esposa y la madre perfectas. Los egipcios la adoraban por sus poderes mágicos.

Selqet
Diosa escorpión, siempre se representaba con uno de estos animales sobre su cabeza, y era una de las protectoras de las vísceras de los muertos, en concreto de los intestinos.

Osiris
Era el dios de los muertos, y siempre se le representaba como una momia de la que sólo sobresalían las manos, que sostenían los dos cetros de la realeza.

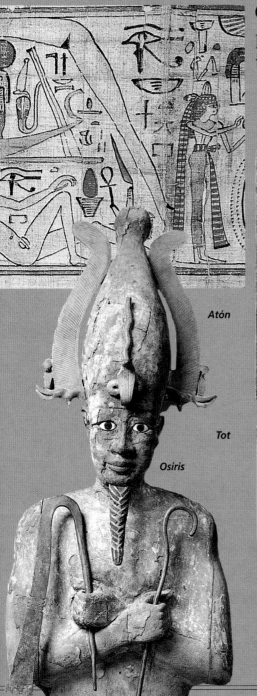

66 Así, Re se convirtió en el primero y en el padre de todos los dioses. **99**

Atón

Tot

Osiris

Tot
Visir del dios Re, lo sustituía en la tierra cuando el dios desaparecía durante la noche. Era el responsable de la luna, y llevaba una luna creciente en la cabeza.

El día y la noche
Para explicar el paso del día a la noche, los egipcios creían que la diosa del cielo, **Nut**, escondía al sol al anochecer y lo hacía renacer por la mañana. En esta representación, una dama realiza unas ofrendas al dios **Atón**, el sol poniente, tocado con la doble corona del Alto y el Bajo Egipto.

La búsqueda de Isis

Según se decía, Nut mantuvo una relación secreta con su hermano Geb, y de ésta nacieron varios hijos.

Osiris nació el primer día. Haroeris, el antiguo Horus, el segundo. Set, de quien se decía que había desgarrado el costado de su madre al nacer, el tercer día. Y Neftis, el cuarto.

Osiris contrajo matrimonio con su hermana Isis y se convirtió en el primer rey de Egipto. A él se debía que los egipcios hubieran abandonado su vida de cazadores nómadas y hubieran aprendido a utilizar los bienes otorgados por el Nilo y su crecida anual. También les enseñó a cultivar la tierra y a criar ganado. Y les ofreció los frutos de la vid, transmitiéndoles el arte de elaborar vino con ellos. Finalmente, les hizo entrega de las leyes y les enseñó a respetar a los dioses. Y cuando hubo terminado de formar a las gentes del valle del Nilo, recorrió el mundo entero para hacer lo mismo con el resto de los hombres. Todo cuanto hacía, lo realizaba sin violencia alguna, tan sólo mediante la persuasión y el amor.

Pero entonces Set empezó a sentirse un poco celoso de su hermano y del afecto que todos le profesaban. Un día, aprovechando la ausencia de Osiris, reunió a su alrededor a un grupo de setenta y dos **conjurados**, y con ellos preparó un complot para desembarazarse de su hermano y apoderarse de su reino.

Conjurado: miembro de una conspiración.

Había tomado a escondidas las medidas de Osiris y había ordenado la construcción de un arcón de su talla. Se trataba de un mueble magnífico, realizado en madera de cedro con incrustaciones de ébano y marfil.

Cuando Osiris regresó, Set le invitó a un gran banquete al que asistieron los demás conjurados. Y una vez que todos hubieron comido y bebido hasta la saciedad, hizo traer el arcón. Todos admiraron su belleza y la perfección del trabajo realizado, y Set prometió entre bromas que se lo entregaría como regalo a aquel que, estirado en su interior, lo llenase del todo.

Uno tras otro, los presentes intentaron meterse dentro del arcón, pero éste resultaba ser siempre demasiado grande. Cuando le tocó el turno a Osiris, el dios se tendió cuan largo era y, en ese mismo instante, Set y sus cómplices se apresuraron a cerrar la tapa del arcón y a sellarla con plomo fundido. Una vez hecho esto, llevaron el arcón al río y lo tiraron para que las aguas lo arrastraran hasta el mar y se perdiera para siempre.

Cuando Isis se dio cuenta de que su marido había sido asesinado por Set y de que su cuerpo había desaparecido, se fue al encuentro de su hermana Neftis y ambas se vistieron con trajes de duelo, mesaron sus cabellos y se lamentaron diciendo:

Oh hermoso adolescente, regresa a tu morada,
hace mucho tiempo ya que de ti no sabemos nada.
Oh hermoso adolescente, que partió de repente,
joven vigoroso que se marchó antes de hora,
primero en salir del vientre de nuestra madre,
vuelve junto a nosotras en tu primitiva forma,
y te rodearemos y no te irás ya más de nuestro lado.

Después Isis decidió partir en busca de Osiris y, acompañada por **Anubis**, empezó a recorrer el país río abajo. Y cada vez que se encontraba con alguien, le preguntaba:

–¿Habéis oído hablar de un gran arcón transportado por las aguas del río?

Al fin, un día, dos niños pequeños que estaban guardando el ganado en la región pantanosa del Delta vinieron corriendo hasta ella y le dijeron:

–Hemos oído que ha aparecido un magnífico arcón en el brazo oriental del Nilo. En estos momentos debe de estar llegando al mar.

Anubis: dios con cabeza de chacal que se encargaba de la momificación de los muertos.
Fenicia: región que se encontraba en la actual costa libia.

Después de pasar largo tiempo aguardando en la desembocadura del río sin encontrar nada, Isis se dio cuenta de que las corrientes llevaban a menudo todo lo que flotaba hacia las costas de **Fenicia**.

Y eso era lo que había ocurrido: el arcón había ido lentamente a la deriva hasta la ciudad de **Biblos**, y más tarde el oleaje lo había depositado en la orilla, al pie de un **tamarindo**. O quizá el tamarindo había nacido de forma milagrosa en aquel lugar. El caso es que sus raíces habían rodeado el arcón y lo habían llevado poco a poco hasta el corazón mismo del árbol. Maravillado ante el extraordinario crecimiento del tamarindo, el rey de Biblos había ordenado que lo talasen e hiciesen con su tronco una columna para su palacio.

En cuanto tuvo conocimiento de lo que había ocurrido, Isis se dirigió hacia Biblos. Una vez allí, se sentó llorando junto a una fuente, sin dirigir a nadie ni una sola palabra. Cuando pasaron por allí los sirvientes de la reina, los saludó y les habló con amabilidad. Después, se ofreció a trenzar sus cabellos y a untar sus cuerpos con **ungüentos**.

Cuando los sirvientes llegaron al palacio, la reina notó sus nuevos peinados y el maravilloso perfume que desprendía su cuerpo. Enseguida ardió en deseos de conocer a la extranjera que había obrado tal milagro. Mandó que fueran en su busca y muy pronto Isis se convirtió en íntima amiga suya.

Como la reina acababa de dar a luz a un hijo, nombró a Isis nodriza real y le encargó que velase de su pequeño. Para calmar su llanto, Isis le ponía su dedo en la boca, y durante la noche, cuando todos dormían, lo purificaba con fuego con el

Biblos: ciudad de Fenicia.
Tamarindo: árbol cuya madera se utiliza para fabricar muebles y estatuas.
Ungüento: crema perfumada, utilizada por los hombres y los dioses.

fin de expulsar a los demonios que a menudo rondan a los mortales.

En ocasiones se transformaba en golondrina y rodeaba, volando y piando, la columna que sostenía el techo del palacio.

Así siguió hasta que, una noche, la reina sorprendió a Isis sometiendo a su hijo a los ritos de purificación. Aterrorizada, interrumpió a la diosa lanzando grandes gritos. Para calmarla, Isis se le apareció en todo su esplendor divino y le reveló su nombre. Deslumbrada, la reina se postró a sus pies e imploró el perdón de la diosa.

Isis le pidió entonces, en compensación, la columna que soportaba el techo del palacio. Sola, sin ayuda de nadie, la diosa taló el tronco del tamarindo y lo reemplazó por el de un enorme cedro con sus poderes mágicos.

Después abrió el tamarindo y retiró la envoltura de madera. Tan pronto como apareció el arcón, Isis se abalanzó sobre él gimiendo. Lo envolvió en una tela de fino lino y lo introdujo en una embarcación para llevarlo de vuelta a Egipto. En cuanto al tronco, lo **ungió** con perfumes y se lo entregó al rey y a la reina para que lo adoraran en la misma Biblos.

En cuanto Isis llegó a Egipto, tomó el arcón y lo llevó a un lugar desértico del Delta. Lo colocó sobre un promontorio de tierra rodeado de agua y cubierto de enormes cañas. Entonces abrió el arcón y, al ver el cuerpo de su esposo, acercó su rostro al de Osiris, lo besó y le lloró. Cuando dejó de llorar, Isis se transformó en golondrina y se posó sobre el cuerpo sin vida. El batir de sus alas produjo un soplo de vida que reanimó a Osiris y juntos concibieron un hijo, Horus. Sola, lejos de todos, Isis dio a luz en aquel islote en medio de las marismas.

Cuando su hijo fue lo bastante grande y lo hubo destetado, Isis se lo confió a la diosa **Uadyet**, en la ciudad de Buto, para que estuviera fuera del alcance de Set, pues sabía que éste no dudaría en ir en su busca para matarlo si llegaba a enterarse de su existencia. Isis pasó muchos años en su retiro, junto al cuerpo de Osiris, y tan sólo se alejaba de él para ir a visitar a su hijo, que crecía lejos de ella.

Ungir: frotar con perfumes o aceites.
Uadyet: diosa serpiente, a la que se representaba en forma de cobra, originaria de la ciudad de Buto, en el delta del Nilo. Era la diosa del Bajo Egipto.

Un día, mientras ella estaba ausente, Set, que se había convertido en el nuevo rey al ocupar el puesto de Osiris, se fue de caza a las marismas del Delta. Y allí, casualmente, se topó con el arcón que contenía los restos de su hermano y lo reconoció enseguida. Ciego de cólera, Set destrozó el cuerpo dividiéndolo en catorce trozos, que lanzó con fuerza hacia lo alto para que quedasen dispersos por todo el país y, de ese modo, nadie pudiera volver a unirlos nunca más.

De regreso a su escondite, Isis encontró el ataúd de su marido vacío. Los tejidos preciosos que envolvían el cuerpo yacían ahora bajo el sol, hechos jirones, a causa de la rabia de Set. De nuevo Isis partió en busca del cuerpo, pero esta vez se vio obligada a ir recogiendo los pedazos que se hallaban dispersos por todo el valle del Nilo.

Así, la cabeza de Osiris se encontraba en la ciudad de Ábido, en el Alto Egipto, mientras que la columna vertebral la halló en Busiris, en el Bajo Egipto. Y cada vez que Isis descubría un pedazo, lo recogía, y en ese lugar erigía un monumento en forma de tumba, un túmulo de tierra redondeado sobre el que plantaba cuatro árboles, los cuales, una vez crecidos, simbolizarían la resurrección de Osiris.

De este modo, poco a poco, la diosa consiguió reunir todos los miembros del cadáver, a excepción de uno, sus genitales, que habían sido devorados por un **mormyrus**. Después, ayudada por Anubis, Isis reconstruyó el cuerpo de Osiris, lo ungió con perfumes y lo envolvió en tiras de tela para devolverle su apariencia original y permitirle seguir viviendo eternamente.

Mormyrus: pez que fue muy venerado en el antiguo Egipto y que daba nombre a la ciudad de Oxirrinco.

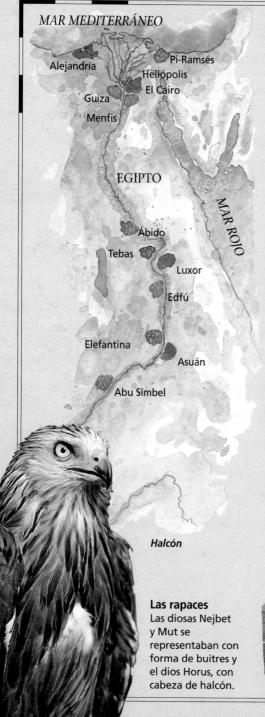

MAR MEDITERRÁNEO

Alejandría
Pi-Ramsés
Heliópolis
El Cairo
Guiza
Menfis

EGIPTO

MAR ROJO

Ábido
Tebas
Luxor
Edfú
Elefantina
Asuán
Abu Simbel

Halcón

Las rapaces
Las diosas Nejbet y Mut se representaban con forma de buitres y el dios Horus, con cabeza de halcón.

DE ASUÁN AL DELTA, el Nilo irriga las tierras de Egipto; donde crecen fértiles extensiones de limo. Fuera de la estrecha franja que rodea ambas orillas del río, el resto del país es completamente desértico.

El ibis sagrado
Hoy desaparecido del valle del Nilo, para los egipcios era uno de los dos animales sagrados de Tot, y su culto era especialmente importante en Heliópolis, cuyos sacerdotes afirmaban que el dios, bajo la forma de un ibis, había creado el mundo poniendo un huevo del que más tarde saldría el sol.

Ibis

66 A Osiris se debía que los primeros egipcios hubiesen abandonado su vida de cazadores nómadas y hubieran aprendido a utilizar los bienes ofrecidos por el Nilo. **99**

El valle del Nilo en la actualidad

El cocodrilo
Después de la construcción de la presa de Asuán, este animal ha desaparecido de las orillas del Nilo al norte de esta ciudad.

El dios Sobek
El cocodrilo se asociaba con el dios Sobek, dios de las aguas y la fertilidad. Coronado con el disco solar, se le veneraba bajo el nombre de Sobek-Re.

Cocodrilo

Sobek

Hipopótamo

El hipopótamo
El hipopótamo, que ya no habita en el valle del Nilo, debía de parecerles terrorífico a los antiguos egipcios, quienes lo atacaban desde sus frágiles barcas de papiro.

El hipopótamo y los dioses
A causa de sus redondeces, la hembra del hipopótamo se asociaba con la diosa Tueris, que protegía a las mujeres en el embarazo y el parto. Como podía llegar a ser peligroso, también se le temía, y en ese caso se asociaba con Set, el dios del caos y el desorden.

Set contra Horus

En su palacio de Heliópolis, Re, el rey de los dioses, el señor del universo, reunió a su corte de justicia para terciar entre Horus y Set, dos grandes dioses entre los dioses. Y esto fue así porque ambos reclamaban el puesto de Osiris, gran dios y rey de la tierra.

Horus era hijo de Osiris, nacido de la diosa Isis, y era un hermoso adolescente querido por todos los dioses.

Set era el hermano de Osiris y el tío de Horus, y era el dios del desierto y un poderoso guerrero.

Al lado de Re se encontraba Tot, su **visir**, el señor de la escritura.

Visir: alto dignatario, especie de primer ministro.

Set fue el primero en intervenir:

–¡Que lleven a Horus fuera, conmigo, y demostraré que soy el más fuerte de los dos!

Pero Tot le respondió:

–Lo que queremos saber es de qué lado está la justicia. ¿Vamos a dar el trono de Osiris a Set estando aquí Horus, su hijo y heredero?

Entonces, Set, el dios de la cólera y de la tormenta, dijo:

—Yo soy Set, el más poderoso de todos los dioses. Es a mí a quien corresponde, pues, el trono de Osiris.

Algarabía: ruido que producen varias personas hablando al mismo tiempo. En ese momento se armó una gran **algarabía** en la asamblea de los dioses. Algunos gritaban:

—¡Set, el hijo de Nut, tiene razón! ¡Que le den a él el trono! ¿Cómo vamos a dárselo a un muchacho, estando aquí su tío, que es mucho más fuerte y experimentado que él?

Otros, por el contrario, exclamaban:

—¿Cómo se le va a dar el trono al tío habiendo un hijo, fruto de la sangre de su padre, para heredarlo?

En cuanto al joven Horus, cuando le llegó el turno de hablar dijo:

—Es cierto que soy joven y que no tengo la fuerza de mi tío Set. ¡Pero no sería justo que se me arrebatara el trono de mi padre Osiris!

Entonces su madre Isis tomó partido por él y se dirigió a los dioses para que defendiesen a Horus. Set comprendió que tenía todas las de perder ante las palabras y la astucia de la diosa. Así que se volvió hacia Re, el señor del universo, que presidía el tribunal de los dioses, y le dijo:

—No discutiré más este asunto mientras Isis, la gran maga, permanezca aquí. ¡Que la alejen de la corte!

Re le respondió:

—¡De acuerdo! ¡Id todos a la isla del Medio! Juzgad a estos dos hombres y decidle a Anti, el barquero, que se niegue a conducir a Isis o a cualquier otra mujer que se le parezca!

Entonces, el tribunal en pleno se desplazó a la isla del Medio, adonde nadie podía **arribar**.

Pero Isis no renunció a defender a su hijo, e ideó un nuevo **ardid**: se transformó en una vieja con una bolsa llena de pan y un pequeño anillo de oro en la mano. De esta guisa se acercó a Anti, el barquero, y le dijo:

–Hace cinco días que mi hijo está guardando el rebaño en la isla y ya no le queda pan, puesto que nadie puede acercarse.

Anti le respondió:

–No puedo hacer nada por ti, me han dicho que no he de dejar pasar a ninguna mujer.

Isis entonces le dijo:

–Es a Isis a quien no debes dejar pasar. Yo no soy más que una anciana que teme por la vida de su hijo, un pobre muchacho que nos guarda el ganado en la isla.

–¿Y qué me darás si te dejo pasar? –le preguntó Anti.

–Te daré una hogaza de este pan recién hecho.

–¿Una triste hogaza de pan? Se me ha ordenado que no deje pasar a ninguna mujer –replicó de nuevo Anti.

–En ese caso te daré mi anillo de oro –le dijo Isis–. ¿Qué es el oro al lado de la vida de mi único hijo?

Anti cogió el anillo de oro, ayudó a montar a Isis a bordo de la barca y la condujo hasta la isla.

Mientras avanzaba bajo los árboles, la diosa vio, sentados en un claro, a los dioses reunidos alrededor de Re y escuchando atentamente los argumentos esgrimidos por Horus y Set. Al darse cuenta de que la mirada de este último, atraído por sus movimientos, se dirigía hacia ella, Isis pronunció una fórmula mágica y se transformó de inmediato en una joven tan bella que su hermosura no tenía parangón en todo Egipto. Set, al verla, sintió su corazón henchido de deseo. Mientras los jueces estaban escuchando con atención a Horus, se alejó discretamente de la asamblea, fue a reunirse con ella detrás de un **sicomoro** y le dijo:

Sicomoro:
árbol cuya madera se utilizaba para la construcción de muebles y estatuas. Estaba ligado al culto de las diosas Hathor y Nut.

–Me gustaría estar a tu lado, bella niña, y gozar de tu compañía por unos instantes.

La joven entonces le respondió:

–¿Cómo puedo pensar en divertirme, señor? Yo era la mujer de un pastor y tuve con él un hijo. Cuando

mi esposo murió, mi hijo pasó a ocuparse del ganado. Pero entonces se presentó un extranjero que amenazó a mi hijo con quitarle el rebaño y expulsarnos de nuestra casa. ¡Señor, te suplico que nos ayudes!

Y Set, cegado por el deseo hacia la mujer, le dijo:

–Tu causa es justa. ¿Acaso un extranjero puede apoderarse de los bienes de un muerto estando su hijo vivo?

Isis se transformó entonces en un **milano** y se posó en la copa del árbol.

–Llora por ti mismo –le dijo a Set–. Tu propia boca acaba de hablar contra ti. Tú mismo te has juzgado.

Comprendiendo que había sido burlado, Set regresó al tribunal y explicó a Re toda la historia.

Entonces Re le contestó:

–Bueno, pues ya ves, ¡tú mismo te has juzgado! ¿Qué es lo que quieres ahora?

Milano: ave rapaz de gran tamaño.

Y dirigiéndose a los jueces, añadió:

–¿Es que no habéis oído? ¿Por qué seguís discutiendo? ¡Poned la sentencia por escrito y colocad la corona de Osiris sobre la cabeza de Horus, su hijo!

Ante la decisión de Re, Set se sintió presa de una rabia incontenible y gritó:

–¡No deis la corona a Horus! ¡Dejad que nos enfrentemos y que el más fuerte de los dos sea quien se la lleve!

Y Re, que estaba de parte de Set, aceptó.

Set se puso frente a Horus y le lanzó un desafío:

–Vamos, transformémonos en hipopótamos y buceemos bajo el oleaje. Quien **emerja** antes de tres meses completos perderá el trono.

En cuanto ambos adversarios se hubieron transformado en hipopótamos y se sumergieron en el agua, Isis empezó a temer por la vida de su hijo. Entonces fue a buscar una cuerda, sujetó a ella un **arpón** de cobre y lo lanzó al agua, justo donde los dos enemigos se habían zambullido.

Pero el arpón, desgraciadamente, fue a clavarse en el cuerpo de Horus, el cual gritó:

Emerger: salir del agua.
Arpón: arma en forma de flecha que se utilizaba para pescar los peces de mayor tamaño.

–¡Socorro, Isis, madre mía! ¡Socórreme! Ordena a tu arpón que se suelte de mi cuerpo. Soy Horus, tu hijo.

Isis lanzó un chillido y ordenó al arpón que se soltase del cuerpo de su hijo. Después lo lanzó de nuevo y esta vez se clavó en el de Set, que lanzó un gran alarido y gimió:

–¿Qué te he hecho yo, hermana Isis? Soy tu hermano, nacido de la misma madre.

Ordena a tu arma que se suelte de mi cuerpo.

Compadecida, Isis ordenó a su arpón que se soltara de Set. Entonces Tot se dirigió a Re:

–¡Ya ha habido bastante violencia! Escribe a Osiris, hoy dios del reino de los muertos, para que elija a su heredero.

Escribieron una carta y la enviaron a Osiris, al **Amenti**.

Poco después, éste contestó:

«¿Por qué se le está haciendo daño a mi hijo Horus? ¿Acaso no era yo quien os alimentaba cuando reinaba sobre la tierra? ¿No fui yo quien creó la cebada y el fermento, quien enseñó a los hombres a apacentar los rebaños para que todos los días tuvierais ofrendas a la puerta de vuestros templos? ¿No fui yo, acaso, quien mostró a los hombres cómo se cultivaba la tierra y se tejía el lino para vuestras vestimentas? ¿Y no fui yo también quien les dijo dónde encontrar el incienso que perfuma vuestras fosas nasales? ¿Por qué no hacéis reinar la justicia sobre la tierra? El país en el que resido ahora está lleno de genios de terrorífico aspecto que no temen a nadie. ¿Queréis que los haga salir para que libren la corte de todos aquellos que cometen actos malvados? ¡No olvidéis que todos los dioses y los hombres vendrán un día a reposar su alma al Amenti, mi reino! ¡No olvidéis que sin justicia no puede haber orden!

¡Entregad a mi hijo Horus el trono de su padre para que Maat, la diosa de la verdad y de la justicia, esté satisfecha!»

Cuando recibió la carta de Osiris, Re la leyó ante los jueces de la gran corte divina y todos juntos convocaron a los dos adversarios.

Amenti u Occidente: reino de los muertos, gobernado por Osiris desde que éste fuera asesinado por Set.

–¿Por qué te opones a que ambos seáis juzgados e intentas apoderarte de lo que pertenece a Horus?

–No tiene importancia, señor, soberano del universo –respondió Set–. Haced llamar a Horus, hijo de Isis y de Osiris, y que le entreguen la corona de su padre.

Fueron, pues, en busca de Horus, le pusieron la corona sobre la cabeza y lo condujeron hasta el trono de su padre diciéndole:

–Tú eres el perfecto soberano de la tierra, querido por los dioses. ¡Tú serás el soberano de todos los países hasta el fin de los tiempos!

Después, Re dijo:

–En cuanto a Set, hijo de Nut, que me lo confíen a mi lado. Permanecerá conmigo como un hijo, y será como el trueno, pues resonará y hará temblar a mis enemigos.

Y volviéndose hacia los miembros de la asamblea de los dioses, añadió:

–Alegraos, pues Horus es ya el nuevo soberano. ¡Aclamadle! Inclinaos hasta el suelo ante Horus, hijo de Isis.

EL TEMPLO EGIPCIO era la mansión, el palacio de los dioses. Sólo podían entrar en él los sacerdotes, los «servidores de dios», y el primero entre ellos, el faraón. Era un recinto cerrado, rodeado de altos muros y robustas puertas. Después del primer patio, a cielo abierto, el resto del edificio era cada vez más estrecho y misterioso, y llevaba a la nave donde residía el dios.

El templo de Edfú

Situado entre Luxor y Asuán, donde se hallan los templos dedicados al dios Horus, está el templo mejor conservado de todo el país.

> 66 Alegraos, pues Horus es el nuevo soberano. ¡Aclamadle! 99

Incensario

Las ofrendas

El dios, vivo a través de su estatua, era alimentado tres veces al día con ofrendas que se componían de bebidas y alimentos.

Por supuesto, el dios no consumía más que la esencia de estos productos, los cuales se repartían entre los encargados de cuidar el templo.

El incienso

Se quemaba en el interior del templo, pero también fuera de él, durante las procesiones.

Portadoras de incienso

Templo de Edfú

**Dios del Nilo
realizando una ofrenda**

Hapi y Maat

El dios Hapi, con los pechos colgantes, simbolizaba la fertilidad y era la representación de la crecida del Nilo. La diosa Maat, coronada por una pluma de avestruz que servía para escribir su nombre, era la encarnación de la verdad y la justicia, la garante del orden político que todo hombre debía respetar.

Maat

Cuentos para el rey Quéope

En su palacio, Su Majestad, **Quéope**, el rey del Alto y del Bajo Egipto, se aburría. Iba de una habitación a otra sin conseguir que nada le distrajese. Entonces hizo venir a sus hijos y les rogó que le contaran relatos maravillosos para entretenerlo.

El hijo del rey, Quefrén, se levantó y dijo:

—Yo voy a explicar a Su Majestad una historia maravillosa que ocurrió en tiempos del rey Nebka.

«Cada vez que Su Majestad se dirigía al templo de Ptah en **Ankh-Taui**, pedía que le acompañara el maestro lector en jefe, Ubaoner.

»Un día, la mujer del lector aprovechó la ausencia de su marido para seducir a un hombre del vecindario. Como disponían de un pabellón en el jardín, la mujer ordenó a su sirviente que lo preparara para recibir en él al hombre y poder distraerse así en su compañía. De este modo, cuando el hombre llegó, la mujer lo recibió en el pabellón, donde ambos bebieron y pasaron todo el día juntos.

Quéope: faraón que reinó entre 2589 y 2566 a. C. aproximadamente. Durante su reinado se construyó la Gran Pirámide de Guiza.
Ankh-Taui: ciudad de Menfis, capital del país en aquella época.

»Al atardecer, el hombre fue a bañarse al estanque que había en las proximidades del pabellón.

»La mujer tomó la fea costumbre de recibir al hombre cada vez que su marido se ausentaba para cumplir sus deberes en el templo de Ptah. El sirviente, que permaneció fiel a su señor, decidió contárselo todo. Cuando Ubaoner escuchó su relato, fabricó un cocodrilo de cera de **siete pulgadas** de largo y pronunció una fórmula mágica sobre la estatuilla:

»–Deshazte de quien vaya a bañarse a mi estanque, y especialmente de ese hombre a quien mi mujer hace llamar cuando me ausento.

»Una vez dicho esto, Ubaoner confió el cocodrilo al sirviente y le ordenó que lo tirase al estanque cuando el hombre fuese a bañarse.

»Al día siguiente, mientras Ubaoner se encontraba en el templo de Ptah, la mujer hizo llamar al hombre y, como en las otras ocasiones, pasaron el día juntos. Cuando cayó la noche, el hombre fue a bañarse al estanque. Siguiendo las órdenes de su amo, el sirviente lanzó el cocodrilo de cera tras él. Entonces, el animal se transformó de repente en un cocodrilo de **siete codos**, que se apoderó del hombre y se lo llevó al fondo del estanque.

Siete pulgadas: unos 13 cm.
Siete codos: alrededor de 3,65 m.

»Algún tiempo después, el rey Nebka decidió quedarse siete días enteros en el templo de Ptah con Ubaoner. Pasado este tiempo, cuando el rey se preparaba para regresar a palacio, Ubaoner se plantó ante él y le dijo:

»–Si Su Majestad se digna venir conmigo, os mostraré una maravilla.

»El rey aceptó y, cuando llegaron a la casa de Ubaoner, se dirigieron a la orilla del estanque. Entonces, Ubaoner llamó al cocodrilo y le ordenó que trajese al hombre. El animal salió del agua trayendo en la boca al hombre, que todavía respiraba.

»Cuando Nebka vio tal prodigio, quedó maravillado. Ubaoner se agachó y fue a coger al animal, que se transformó de nuevo en su mano en un cocodrilo de cera. Después le contó al rey lo que había hecho aquel hombre **vil** en su propia casa y con su mujer. Su Majestad le dijo al cocodrilo:

»–¡Ya puedes llevártelo! ¡Desde ahora es tuyo!

»El cocodrilo descendió de nuevo al fondo del estanque y nunca más se supo ni de él ni de su presa. Después, Su Majestad hizo arrestar a la mujer de Ubaoner, que fue condenada a muerte.

Quéope escuchó esta historia con suma atención. Al concluir, dijo:

–Que le otorguen como **ofrenda** mil panes, cien jarros de cerveza, un buey y diez medidas de incienso al rey del Alto y el Bajo Egipto Nebka. Y que den también un pan, un jarro de cerveza, un pedazo de carne y una medida de incienso al sacerdote lector en jefe Ubaoner, pues he podido constatar la grandeza de su saber.

Vil: despreciable.
Ofrenda: don destinado, en este caso, a los templos funerarios de Nebka y de Ubaoner.

A continuación fue Bauefre quien intentó divertir a Quéope con un relato. Se levantó y dijo:

–He aquí una historia maravillosa que ocurrió en los tiempos del rey Esnofru y de quien entonces era su sacerdote lector en jefe, Dyadyaemankh.

»Un día en que el rey Esnofru estaba recorriendo todas las estancias de su palacio sin encontrar nada con qué distraerse, hizo llamar a su sacerdote lector en jefe, Dyadyaemankh. Cuando éste llegó, Su Majestad le confesó su aburrimiento. Entonces Dyadyaemankh le dijo:

»–Su Majestad, vaya al estanque del palacio real. Allí, le esperará una barca con las muchachas más bellas de palacio a bordo. Entonces Su Majestad se sentirá mucho mejor contemplándolas mientras ellas reman.

»Y al punto el rey ordenó:

»–Preparad la barca real y equipadla con veinte remos hechos de madera de ébano y recubiertos de oro. Llevad asimismo veinte mujeres con los cuerpos más hermosos y vestidlas con ropas ligeras a fin de que pueda admirar la belleza de sus cuerpos.

»De inmediato se cumplieron las órdenes de Su Majestad.

»Una vez en la barca, las doncellas se pusieron a remar y el corazón de Su Majestad se alegró. De repente, a una de ellas, situada en la parte posterior del barco, se le cayó un pendiente y fue a parar al agua. Entonces, la muchacha dejó de remar y sus compañeras la imitaron. Entonces Su Majestad les pre-

guntó por qué habían dejado de remar, y ellas a su vez le respondieron:

»–Es que nuestra compañera ha parado.

»Entonces Su Majestad le preguntó por qué había dejado de remar.

»–Mi pendiente de **turquesas** se ha caído al agua –respondió.

»Su Majestad le ofreció otro en su lugar, pero la muchacha lo rechazó. Sin saber qué hacer, el rey mandó llamar a Dyadyaemankh y le contó lo sucedido. Entonces éste pronunció una fórmula mágica y partió en dos el agua del estanque, de manera que el pendiente quedó visible en el fondo. Tras recogerlo, se lo devolvió a su propietaria

Turquesa: piedra preciosa de color azul.

y pronunció de nuevo una fórmula mágica para que el agua volviera a su estado original. Su Majestad pasó gracias a ello un día agradable y recompensó al sacerdote lector en jefe Dyadyaemankh.»

Quéope escuchó con atención este relato y dijo:

–Que realicen una ofrenda de mil panes, cien jarros de cerveza, un buey y dos medidas de incienso al rey del Alto y del Bajo Egipto Esnofru. Asimismo, ordeno que se entregue un pan, un jarro de cerveza, un pedazo de carne y una medida de incienso al sacerdote lector en jefe Dyadyaemankh, pues he podido constatar la grandeza de su saber.

Entonces le tocó el turno de levantarse al hijo del rey Dyedefre, quien dijo:

–Quéope, hasta ahora has escuchado dos ejemplos de los logros realizados por los magos en el pasado. Pero existe en el reino de Su Majestad un hombre sabio que también posee poderes mágicos.

–¿Y quién es, pues, ese hombre, hijo mío? –preguntó Su Majestad.

–Se trata de un anciano llamado Dyedyi –le respondió Dyedefre–. Tiene ciento diez años, pero aún goza de buena salud, y es capaz de volver a colocar una cabeza que ha sido cortada y de hacer que un león lo siga dejando la correa en el suelo.

Su Majestad ordenó a su hijo que fuese él mismo, en persona, a buscar a Dyedyi. Cuando Dyedefre llegó a la casa del anciano, le dijo:

–Hasta aquí he venido, Dyedyi, con el fin de conducirte junto a mi padre, el rey Quéope. En su gran palacio tendrás el placer de comer ricos manjares, todos ellos elaborados en las cocinas del rey, y podrás asimismo pasar el resto de tus días venerado por todos antes de partir a reunirte con tus padres, quienes ya reposan en la **necrópolis**.

–Sois bienvenido, Dyedefre. Te seguiré hasta la residencia real si eso es lo que desea Su Majestad.

Necrópolis: gran cementerio.

De regreso al palacio, el príncipe Dyedefre anunció a Su Majestad la llegada de Dyedyi.

Quéope le ordenó que lo llevara a la sala de audiencias de la **Gran Mansión** y, una vez allí, le preguntó al mago:

–¿Es cierto lo que dicen, que eres capaz de volver a colocar una cabeza cortada?

Gran Mansión: así era como los egipcios solían llamar al palacio real.

–Sí, en efecto, puedo hacerlo, mi gran señor y soberano.

Entonces Su Majestad hizo que trajeran a un prisionero y que le cortaran la cabeza.

Pero Dyedyi se opuso:

–No, no, por favor. No se le puede hacer eso a un ser humano. No se puede ordenar hacer algo así al rebaño sagrado de Dios.

Entonces le trajeron una oca a la que habían cortado la cabeza y colocaron al animal en el extremo oeste de la sala de audiencias, mientras que la cabeza fue colocada en el lado este. Dyedyi pronunció una fórmula mágica y tanto la oca como la cabeza se incorporaron y fueron balanceándose la una hacia la otra. Por fin, se reunieron y la oca, una vez en pie, se puso a graznar. A continuación, Dyedyi hizo lo mismo con un buey. Finalmente, el rey hizo traer a su león favorito y ordenó que le cortaran la cabeza. De nuevo, Dyedyi pronunció una fórmula mágica y el león se levantó y se puso a caminar tras él, con la cuerda arrastrando por el suelo.

Maravillado, Su Majestad ordenó que recompensaran a Dyedyi ofreciéndole toda clase de cosas buenas y hermosas para que disfrutara de ellas el resto de sus días.

EL FARAÓN era el heredero del dios Osiris y, más tarde, de Horus. Entre sus diferentes títulos se encontraba el de «hijo de Re» o el de «Dios perfecto», y era el encargado de mantener el orden sobre la tierra, razón por la que debía ocuparse de que en los templos nunca les faltase de nada a sus padres, los dioses. También debía mantener alejados a los enemigos y garantizar el bienestar de sus súbditos.

Quefrén

Bajorrelieve de Sesostris I

Quefrén

Durante el reinado de este faraón se construyó una de las pirámides de Guiza.

Los cartuchos

Eran las inscripciones donde aparecían los nombres de los faraones. Sesostris (en egipcio, Senwosret) significa «el hombre de la diosa Useret», y Keperkare, significa «el ka (alma) de Re vuelve a la vida».

Los cetros de Tutankamón

Los atributos de la realeza

El faraón Quefrén aparece con el *nemes*, un tocado de tela que caía sobre el pecho, y lleva la barba real. El halcón del dios Horus rodea con sus alas la cabeza del soberano, símbolo de que el faraón era hijo del dios.

Bajorrelieve de Tolomeo VII

La doble Corona
Tolomeo VII aparece aquí representado, en la más pura tradición faraónica, rodeado por las diosas Nekbet y Uadyet, divinidades del Alto y del Bajo Egipto, que colocan sobre su cabeza la doble corona, el *pschent*.

> ❝ En su palacio, Su Majestad, el rey Quéope, se aburría. Iba de una habitación a otra sin conseguir distraerse. ❞

La Gran Esfinge de Guiza

En el centro de la ilustración: Micerino

La Gran Esfinge de Guiza
Con cuerpo de león y cabeza humana, fue realizada a imagen del faraón Quéope, constructor de la Gran Pirámide. Imagen del soberano divinizado, también se relacionaba con el culto al dios Sol.

Micerino
Constructor de la «pequeña» pirámide de Guiza, aparece con la corona blanca, símbolo de la realeza en el Alto Egipto.

Los cetros
Entre los cetros que sostiene el faraón, dos aparecen con mayor frecuencia: el cetro *heqa*, en forma de báculo, cuyo origen podría encontrarse en el cayado del pastor, y el cetro *nekaka* o flagelo, una especie de astil.

El cuento del náufrago

Salí en una expedición que se dirigía a las Minas del Príncipe, encargado de una misión por Su Majestad, en una embarcación que medía **ciento veinte codos** de largo por **cuarenta** de ancho conducida por ciento veinte marineros escogidos entre los mejores de Egipto. Ya estuviesen en alta mar o cerca de la costa, el corazón de estos hombres era más valeroso que el de un león. Eran capaces de prever las tempestades antes de que llegaran y una tormenta antes de que se produjera.

Justamente cuando nos encontrábamos en el **Gran Verde**, lejos de cualquier costa, nos sobrevino una tempestad, y nos vimos obligados a capear las terribles embestidas del viento y del oleaje. Fue entonces cuando una ola de **ocho codos** de altura barrió la nave, llevándose todo a su paso, y yo tan sólo debo el estar vivo a haber tenido la feliz idea de agarrarme al mástil. Pero el navío naufragó, y ninguno de los ciento veinte marineros que en él iban logró sobrevivir.

En cuanto a mí, logré permanecer aferrado al mástil y las olas me condujeron hasta una isla. Una

Ciento veinte y cuarenta codos: alrededor de 60 y 20 m respectivamente.
Gran Verde: el mar. En este caso, se refiere al mar Rojo.
Ocho codos: unos 4 m.

vez allí, me arrastré hasta la sombra de un árbol y, solo y desesperado, sin esperanzas de volver a ver mi casa y a mis hijos, pasé los tres días siguientes lamentándome. Finalmente, me levanté y partí en busca de agua y comida. Enseguida encontré un manantial de agua fresca, así como higos y racimos de uvas, ricas verduras de todas clases, frutos de sicomoro y unos pepinos parecidos a los que se cultivan en nuestro país. Había asimismo pescado y aves en abundancia: aquella isla rebosaba de todo aquello que un hombre puede desear, de modo que pude saciarme sin problemas. Después, cogí un leño, logré hacer fuego y ofrecí un sacrificio a los dioses, que me habían permitido permanecer con vida.

De repente, oí un ruido atronador y pensé que se trataba de una ola del Gran Verde, pero entonces los árboles empezaron a agitarse y la tierra a temblar. Atemorizado, me tiré al suelo y, cuando me estaba incorporando, me di cuenta de que se acercaba una serpiente. Medía **treinta codos** y llevaba una barba de más de **dos codos**, el cuerpo recubierto de oro y unas cejas de **lapislázuli**. La serpiente avanzaba con gran majestad, abrió la boca en mi dirección y, cuando, consternado me arrodillé ante ella, me dijo:

–¿Quién te ha traído aquí, hombrecillo? Si tardas en decirme quién te ha traído a esta isla, te reduciré a cenizas y ya no serás nada.

–Tú me hablas, pero yo no entiendo tus palabras, pues en tu presencia pierdo toda conciencia de mí mismo –le respondí sin atreverme a levantar la cabeza.

La **serpiente divina** me agarró entonces con la boca y me condujo a su guarida. Una vez allí, me dejó en el suelo, sin hacerme ningún daño, y me encontré sano y salvo y con todos los miembros en su sitio.

Mientras me arrodillaba de nuevo ante ella, la serpiente me repitió:

–¿Quién te ha traído, hombrecillo? ¿Quién te ha traído a esta isla del Gran Verde, donde las dos orillas se sumergen bajo el oleaje?

Con los brazos extendidos ante ella, le respondí:

–Yo iba en una expedición a las Minas del Príncipe, encargado de una misión por Su Majestad, en una embarcación que medía ciento veinte codos de largo por cuarenta de

Treinta codos: alrededor de 15 m.
Dos codos: alrededor de 1 m.
Lapislázuli: piedra preciosa de color azul.
Serpiente divina: la serpiente tiene la carne de oro como los dioses. La barba y el lapislázuli eran asimismo símbolos de la divinidad.

ancho, conducida por ciento veinte marineros escogidos entre los mejores de Egipto. Ya estuviesen en alta mar o cerca de la costa, el corazón de esos hombres era más valeroso que el de un león. Eran capaces de prever las tempestades antes de que llegara o una tormenta antes de que se produjera. Todos rivalizaban en coraje y vigor, y entre ellos no se encontraba ningún inútil.

»–Entonces, se levantó una gran tempestad en el Gran Verde y hubimos de soportar la violencia del viento antes de conseguir llegar a tierra firme. La tempestad empeoró, y una ola de ocho codos se abalanzó sobre nosotros. Yo me salvé gracias al mástil, al que me agarré con toda la fuerza que pude. Pero el navío se hundió y ninguno de los miembros de la tripulación

logró sobrevivir excepto yo. Y heme aquí ahora junto a ti, pues fui arrojado sobre esta isla por una ola del Gran Verde.

La serpiente, entonces, me respondió:

–¡No temas, no temas, hombrecillo! ¡Que tu rostro no se altere! Tú has llegado hasta mí y ha sido Dios quien ha permitido que sobrevivas. Él te ha traído hasta esta isla encantada en la que uno puede encontrar todo aquello que desea, pues rebosa de toda clase de cosas buenas y hermosas. Pasarás cuatro meses aquí, y después un barco llegará desde la residencia real. Reconocerás la tripulación que lo guía y regresarás con sus marineros a palacio. Más tarde, morirás en tu ciudad. ¡Dichoso el hombre que puede contar sus aventuras, después de haber pasado las más duras pruebas!

Me puse a esperar de nuevo y me postré ante ella diciéndole:

–Informaré al faraón de tu poderío y alabaré tu grandeza. Me ocuparé de que te traigan **láudano**, perfume *hekenu*, aroma *iudeneb*, canela y **trementina** de los templos, riquezas todas ellas que llevamos como ofrenda a los dioses. Explicaré todo lo que me ha sucedido y lo que he visto de tu poder. Se te venerará a través de Dios en la ciudad, delante de los notables de todo el país. Por ti, descuartizaré toros que te ofreceré en **holocausto**, y por ti retorceré el cuello a un gran número de aves y haré que te traigan barcos cargados de todas las riquezas de Egipto. Esto es lo que hacemos por un dios que ama a los hombres en un país lejano que éstos aún no conocen.

Entonces la serpiente se echó a reír, pues no encontró sentido alguno a mis palabras. Así que me respondió:

–¿Quieres ofrecerme láudano? ¡Pero si yo sé que en tu país hay de sobras! Yo, en realidad, soy el príncipe del **país de Punt** y el incienso es de mi propiedad. En cuanto a ese perfume *hekenu*, ¡es un producto procedente de mi isla y no de tu país! Has de saber, pues, que cuando abandones este lugar no volverás a verlo jamás, pues desaparecerá entre el oleaje.

Como la serpiente divina había predicho, al cabo de cuatro meses de permanecer a su lado, un navío llegó a las costas de la isla. Fui hasta la playa y me enca-

Láudano: especie de incienso.
***Hekenu* y *iudeneb*:** perfumes no identificados.
Trementina: resina que se extrae de varias coníferas para la elaboración de medicinas y perfumes.
Holocausto: sacrificio realizado en honor a un dios y en el transcurso del cual se queman las ofrendas.
País de Punt: región de la costa africana, al sur de Sudán. Debido a su rica mitología, los egipcios lo conocían como el «país de los dioses».

ramé a un árbol alto desde donde pude reconocer a los que estaban a bordo y empecé a hacerles señales. Después, descendí del árbol y corrí hacia donde estaba mi anfitriona para explicarle la buena nueva, pero ella ya la conocía, así que me dijo:

–Ahora podrás regresar sano y salvo a tu casa, hombrecillo, y ver a tus hijos. Haz lo posible para que mi buen nombre se extienda por toda tu ciudad. Es todo lo que te pido.

Me postré ante ella con los brazos extendidos y entonces la serpiente me hizo entrega de un cargamento compuesto de incienso, perfume *hekenu*, aroma *iudeneb*, canela, **tichepsés**, **polvo de antimonio**, rabos de jirafa, trementina, colmillos de elefante, perros de caza, macacos, babuinos y toda clase de productos caros y preciosos para cargarlos en el barco.

Después, le di las gracias orando a Dios y ella me dijo:

Tichepsés: otro perfume.
Polvo de antimonio: servía para fabricar el khol con el que los egipcios se pintaban los ojos.

–Dentro de dos meses llegarás a la residencia real y podrás ver por fin a tus hijos. Más tarde serás enterrado en un país y regresarás aquí, joven y fuerte, en el interior de tu tumba.

Descendí de nuevo hasta la playa, junto al barco, y llamé a la tripulación para que cargase todos los tesoros que me había entregado la señora de la isla. Desde la orilla volví a darle las gracias y los marineros hicieron lo mismo. Cuando ya estábamos lejos de la costa, oímos un enorme estruendo y, tal como la serpiente divina había anunciado, la isla desapareció en el mar. Estuvimos navegando durante dos meses, justo como ella había predicho.

De regreso a la residencia real, fui conducido hasta Su Majestad y le ofrecí todos los presentes que había traído desde la isla. Entonces el rey dio gracias a Dios en presencia de los notables de todo el país, y me ascendió al rango de **Acompañante**.

Acompañante: título honorífico.

EL COMERCIO en el antiguo Egipto nació en torno al Nilo, el principal medio de transporte de la época. Por él viajaban los hombres y sus mercancías, y también los dioses, que se desplazaban siempre en barca. Muy pronto, los egipcios empezaron a emplear sus embarcaciones para buscar nuevos productos en otras regiones: madera del Líbano o incienso de las costas meridionales del mar Rojo.

Los navíos

Los navíos de mayor envergadura, que utilizaban velas y remeros a la vez, transportaban a lo largo de enormes distancias los materiales más pesados, como piedras (el granito de Asuán, por ejemplo) o cargamentos de cereales.

Barca

Tinaja para el vino

Las barcas

Las pequeñas embarcaciones de remo servían para el transporte local de pasajeros y mercancías ligeras.

El transporte de mercancías

Los líquidos se transportaban en **tinajas** de terracota, mientras que el grano viajaba en sacos de tela o en cestas de mimbre. Los productos artesanales se fabricaban y comercializaban en su lugar de origen.

Faluca

Barca encontrada en una tumba

Las falucas

Las falucas que hoy navegan por el Nilo no son las mismas que utilizaban los antiguos egipcios. Las velas de estas últimas eran rectangulares y contaban con uno o dos grandes remos-timón.

El interior de las tumbas

En ellas se han encontrado modelos de barca en miniatura. La mayoría van equipadas simplemente con una pequeña bodega y varios remeros que la conducen.

> ❝ Salí en una expedición en una embarcación que medía ciento veinte codos de largo por cuarenta de ancho. ❞

Representación de animales exóticos en el interior de una tumba

Arbusto del incienso

El auge del comercio

Los artistas que decoraban las tumbas de los notables del reino mostraban procesiones de extranjeros cargados de productos de sus lugares de origen como muestra del poder y la grandeza económica de Egipto.

El comercio del incienso

En Egipto no crecía el incienso, por lo que los antiguos egipcios se veían obligados a importarlo. La reina Hatshepsut organizó una expedición al país de Punt para ir en busca de arbustos e intentar adaptarlos al clima de Egipto.

Los productos

Del África negra se importaba marfil, ébano y **animales exóticos**; de Sudán, oro; de Asia, caballos; de Chipre, cobre; y de Creta, preciosas vasijas de delicadas formas.

El cuento de los dos hermanos

En una aldea situada junto al Nilo vivían dos hermanos: Anup, el mayor, y Bata, el más joven. Anup vivía con su esposa en la casa que había heredado de sus padres, y Bata se alojaba con ellos. Entre los dos hermanos reinaba una perfecta armonía, y Bata ayudaba a su hermano mayor en todos los trabajos del campo.

Todos los días, al amanecer, preparaba la comida que su hermano se llevaba al campo y después se iba a apacentar a sus vacas. Y mientras caminaba detrás de ellas, las vacas le decían:

–Llévanos a tal sitio, que la hierba allí es buena.

Bata las escuchaba y las acompañaba a dondequiera que ellas quisieran ir. Y así era como su rebaño iba prosperando. Cuando llegaba el atardecer, Bata lo conducía de nuevo de vuelta a casa y, a continuación, cenaba algo ligero y se iba a pasar la noche en el establo, junto a sus animales.

Cuando la **estación** Akhet concluyó y comenzó la estación Peret, su hermano mayor le pidió que preparara unos **arreos** para poder iniciar la siembra.

Las estaciones: el año egipcio se dividía en tres estaciones de cuatro meses: la estación de la crecida del Nilo, Akhet, que marcaba el inicio del año; la estación de la siembra o Peret; y la estación de la germinación y la cosecha o Shemu.

Arreos: en este caso, guarniciones para los animales de tiro.

Bata escogió a sus dos vacas más hermosas, las ató al **arado** y trabajó durante toda la jornada junto a su hermano. Después, cuando llegó el momento de sembrar, Anup pidió a Bata que fuera a buscar semillas. Bata volvió a casa y allí se encontró a la mujer de su hermano, que se estaba peinando, y le dijo:

–Levántate y ve a buscarme unas semillas para que pueda llevárselas enseguida a mi hermano.

–Ve y hazlo tú mismo –respondió ella–, y no me molestes.

Bata se dirigió al granero y cargó varios sacos de trigo y cebada. Al verlo pasar delante de ella cargado con tanto peso, la mujer sintió que su corazón se llenaba de admiración y de deseo. Entonces, se levantó y le dijo:

–¡Qué fuerte eres! ¡Ven, acostémonos y pasemos un rato juntos!

El joven, invadido por la cólera, le contestó:

–¡Tú eres para mí como una madre y tu marido es como un padre! ¿Qué clase de monstruosidad me estás pidiendo? No vuelvas a repetirme algo así jamás.

Tras estas palabras, Bata se fue de nuevo al campo a reunirse con su hermano y su ira se fue diluyendo a lo largo de la larga jornada de trabajo.

Al atardecer, su hermano mayor regresó a casa, mientras que él se quedó en el campo para reunir el rebaño. En cuanto a la mujer de Anup, ésta estaba aterrorizada ante la idea de que Bata le hubiera explicado lo sucedido a su hermano.

De regreso a casa, Anup no vio a su esposa. Ella no estaba esperándolo en la puerta como de costumbre para verter agua sobre sus manos, y en toda la casa reinaba la oscuridad más absoluta. Entonces entró y la encontró acostada en la cama, temblando y vomitando. Anup se acercó a ella y le preguntó quién la había dejado en aquel estado.

–Ha sido tu hermano menor –le respondió ella–. Me ha encontrado sola en el tocador y me ha dicho: «Acostémonos y pasemos un rato juntos». Y yo le he dicho: «¿Acaso no soy tu madre, la esposa de tu hermano mayor, que es para ti como un padre?». Entonces ha sentido miedo y ha empezado a pegarme para que no te dijese nada acerca de sus deshonestas proposiciones. ¡Si permites que siga vivo, te juro que me mataré!

Una ira incontrolable se adueñó de Anup, que tomó su lanza y se escondió dentro del establo a esperar el retorno de su hermano menor. Cuando las vacas llegaron a la granja, vieron a Anup y previnieron a su dueño. Bata bajó los ojos y vio los pies de su hermano por debajo de la puerta. Muerto de miedo, echó a correr, pero Anup se lanzó en su persecución.

Bata alzó entonces sus ojos hacia Re, el gran dios, y le suplicó ayuda. El poderoso dios escuchó su plegaria y al momento hizo surgir entre ambos hermanos una vasta extensión de agua repleta de cocodrilos. Anup se puso muy furioso al ver que no podía alcanzar a su hermano. Y entonces éste se dirigió a él con estas palabras:

–¿Por qué quieres matarme sin haberme escuchado antes? Soy tu hermano menor y tú eres para mí como un padre. ¡Escúchame! Cuando me has enviado a buscar semillas, tu mujer me ha dicho: «Ven, acostémonos». Y ahora ella tergiversa lo sucedido y sostiene lo contrario.

Después, cogió una caña muy afilada, se cortó con ella el miembro viril y lo lanzó al agua. Al ver esto, su hermano mayor se puso a llorar, lleno de vergüenza y sufriendo al ver a su hermano menor tan miserable después de su sacrificio. Entonces, Bata le dijo:

–Tú sólo has escuchado las palabras malvadas, nunca has pensado en todo lo que he hecho por ti a lo largo de estos años. Vuelve, pues, a tu casa y cuida de tu ganado y de tus campos, porque yo no pienso regresar contigo. Me voy al

valle del Pino Piñonero y no volverás a verme. Allí, me arrancaré el corazón y lo colocaré en lo alto de la **flor del pino piñonero**. Si talan el pino, moriré. Tú sabrás que me ha sucedido algo cuando en la jarra de cerveza que sostengas en tus manos el líquido empiece a desbordarse. Si eso ocurre, acude enseguida a buscar mi corazón sin descanso. Cuando lo encuentres, introdúcelo en una vasija de agua fresca y reviviré.

Valle del Pino Piñonero: lugar situado junto al mar, en la costa de Fenicia. **Flor del pino piñonero:** da un fruto en forma de corazón.

Dicho esto, Bata se puso en camino hacia el valle del Pino Piñonero, mientras su hermano mayor regresaba a casa, cubierto de polvo en señal de duelo. Una vez allí, se dirigió hacia su mujer, la mató y se la dio de comer a los perros.

Los días pasaron, y en el valle del Pino Piñonero Bata se construyó una enorme casa. Pasaba los días cazando y cada

tarde iba a sentarse al pie del pino donde se encontraba su corazón.

En el curso de una de sus cacerías, se encontró con la **Enéada** divina, que se dirigió a él con estas palabras:

Enéada: los nueve dioses de Heliópolis, presididos por Atón, al que se conocía también como Re-Haractes.

–Bata, ¿qué haces aquí solo después de haber huido de tu hermano y su mujer? ¿Acaso no sabes que él ya te ha vengado y ha matado a su esposa?

Los dioses se apiadaron de él y Re le dio como compensación una compañera cuya belleza sobrepasaba la de todas las demás mujeres y cuyo cuerpo escondía la misma esencia de los dioses. Bata se sintió henchido de felicidad cuando la mujer se fue a vivir con él, pero la puso en guardia enseguida:

–Ten cuidado y no salgas nunca de casa, pues el dios del mar intentaría apoderarse de ti y tú no podrías escapar.

Al mismo tiempo, Bata le abrió su corazón y le desveló su secreto:

–Mi corazón se encuentra sobre la flor del pino piñonero y, si alguien me quiere hacer daño, tan sólo tiene que talar el árbol y moriré.

Al cabo de unos días, la mujer sintió la necesidad de salir de casa, donde nada le faltaba pero donde se sentía encerrada y sola. Olvidando las recomendaciones de Bata, se alejó de su morada en dirección al mar, y el dios de los mares se dio cuenta y se puso a perseguirla. Ella corrió y corrió, y finalmente

pudo escapar y refugiarse de nuevo en la casa. Pero el dios del mar consiguió hacerse con un rizo de sus cabellos.

En el curso de sus correrías, el dios llevó el rizo hacia Egipto y lo depositó en los lavaderos del palacio real. El olor del rizo se extendió poco a poco por todas las vestimentas del faraón, quien intentó averiguar de donde salía aquel perfume que lo obsesionaba cada día más. El jefe de los perfumeros de palacio se vio obligado a confesar su ignorancia acerca del mismo, pero descendió hasta los lavaderos, donde retiró el rizo de cabello que flotaba en la superficie del agua, extendiendo a su alrededor un aroma casi divino.

Se lo llevó al faraón, quien llamó a sus escribas y sacerdotes. Éstos le dijeron:

–Este rizo de cabello pertenece a una hija de Re que vive en el valle del Pino Piñonero. Envía a tus soldados acompañados de sirvientes cargados de regalos para convencerla de que venga y se quede junto a ti.

Muy pronto, los emisarios del faraón regresaron trayendo con ellos a aquella mujer cuya belleza recorrió todo el país. Cuando la vio, el faraón se quedó prendado de ella y la nombró su favorita. Hizo construir un palacio para ella y le ofreció todo lo que pudiera desear.

Muy pronto el corazón de la mujer dejó de sentirse interesado por Bata. Entonces se dirigió al faraón y le dijo:

–Mi esposo es fuerte y valeroso. Tengo miedo de que venga aquí a buscarme. Su Majestad debería enviar soldados al valle del Pino Piñonero para que talen el árbol. De este modo mi esposo morirá y dejaré de temerlo.

Entonces los soldados partieron por orden del faraón y talaron el pino piñonero. Al punto, la flor que contenía el corazón de Bata cayó al suelo y éste murió.

Mientras, en su aldea, Anup regresó a casa después de una larga jornada de trabajo en el campo. Como de costumbre, su sirviente le trajo una jarra de cerveza para que se relajara. Pero cuando tomó la jarra en sus manos, la cerveza empezó a desbordarse. Así que le trajeron una segunda jarra y, de nuevo, la cerveza borboteó y empezó a salirse del recipiente. Entonces, Anup se acordó de las palabras de su hermano, se levantó y, sin perder un instante, partió hacia el valle del Pino Piñonero. Cuando llegó, después de varias jornadas de viaje, encontró a Bata en el suelo, sin vida. Buscó el pino piñonero y lo halló secándose sobre la tierra, pero no vio ni rastro del corazón de su hermano. Inició su búsqueda y pasaron los meses, pero fue en vano. Finalmente, se dejó abatir por el desaliento.

Cuando ya estaba a punto de regresar a su casa, su mirada se posó sobre un minúsculo grano escondido bajo las ramas secas del árbol. Esperanzado, Anup lo recogió y lo metió en un bote de agua fresca. Una vez que hubo absorbido toda el agua, Anup vio cómo el cuerpo de su hermano se estremecía. Tomó el bote en sus manos y le dio de beber su contenido a su hermano. El corazón de Bata regresó de nuevo a su lugar y el joven volvió a la vida.

Ambos hermanos se abrazaron y Bata le dijo a su hermano:

–Voy a transformarme en un gran **toro de maravilloso pelaje**. Tú te montarás sobre mi lomo y te conduciré hasta el faraón. Allí, todo el mundo se quedará maravillado al verme, ya que nadie habrá visto nunca un toro de tal naturaleza, y te entregarán tu peso en plata y oro.

Al día siguiente, Bata se metamorfoseó en toro y se marchó con su hermano montado sobre su grupa. Una vez en Egipto, el animal suscitó la admiración de todos y fue conducido hasta el faraón. Su Majestad quedó encantado, y con él también sus sacerdotes y el pueblo. Entonces el faraón decidió organizar un sacrificio en su honor y recompensó a Anup con su peso en plata y oro, tal como había anunciado Bata.

Un día, el toro, que disfrutaba de total libertad para ir donde quisiera, entró en la casa de la favorita del faraón y le dijo:

–Mira, sigo estando con vida. Soy Bata, y sé que hiciste destruir el árbol en el que se encontraba mi corazón.

La favorita sintió miedo y, cuando el faraón fue a verla, le dijo:

–Júrame que harás realidad todos tus deseos. Dame para comer el hígado de ese toro.

El faraón no pudo resistirse a su capricho. Celebró un gran sacrificio e hizo degollar al toro. Pero dos gotas de sangre se escaparon y fueron a parar a los montantes de la puerta del faraón. Inmediatamente, dos grandes **pérsicos** brotaron de las gotas, y los sirvientes corrieron a contárselo al rey:

Toro de maravilloso pelaje: los toros sagrados, encarnaciones de ciertas divinidades egipcias, tenían el pelaje cubierto de unas señales o signos especiales.

Pérsico: era el árbol donde los amantes iban a refugiarse. Sus hojas las utilizaba el dios Tot para inscribir los nombres de los faraones.

–Ha ocurrido un gran prodigio, dos grandes pérsicos han crecido en los montantes de tu puerta.

Entonces, Su Majestad se quedó maravillado y realizó sacrificios en honor de aquellos dos árboles sagrados.

Algún tiempo más tarde, el faraón decidió ir a rendir homenaje a los dos pérsicos. Acompañado de su favorita, se instaló delante de la puerta del palacio. Su Majestad estaba sentada bajo uno de los árboles, y su favorita bajo el otro. Ambos recibieron el homenaje de los grandes del reino y las aclamaciones de todo el pueblo egipcio.

Mientras la favorita estaba regocijándose ante el fervor de la población, el pérsico bajo el que se encontraba sentada se dirigió a ella:

–¡Eh, traidora, estoy con vida! Soy Bata y tú hiciste talar el pino que me acogía, y después hiciste sacrificar el maravilloso toro en el que me había convertido. Heme aquí, soy el árbol sagrado bajo el que te hallas sentada.

Ante estas palabras, el corazón de la mujer se llenó nuevamente de temor.

Un día que Su Majestad y su favorita estaban bebiendo y distrayéndose juntos, la mujer le dijo al faraón:

–Júrame por Dios que harás realidad todos mis deseos. Haz talar estos dos árboles y que me construyan con ellos dos hermosos muebles.

El rey se entristeció ante la idea de talar los árboles, pero el amor que profesaba a la hija de los dioses era tan fuerte que ordenó a sus artesanos que cumplieran sus deseos. Mientras la favorita miraba cómo talaban los dos árboles, una **viruta** voló y entró en su boca, con lo que la muchacha quedó encinta en el acto.

Los días pasaron y la favorita trajo al mundo un niño. Éste llevaba en su interior la **esencia de los dioses** y el faraón lo amaba más que a nada en el mundo entero. Años después, el niño se convirtió en el príncipe heredero del Alto y el Bajo Egipto.

Por fin llegó el día en que el faraón fue a reunirse con los dioses y el hijo de la favorita subió al trono. Entonces, convocó a todos los grandes de Egipto y a la gran favorita, su madre, y les dijo:

–Mirad, yo soy Horus, el vencedor de Set, que reina sobre el Alto y el Bajo Egipto bajo la protección de las diosas Nejbet y Uadyet. ¡Soy el hijo de Re! **Esta mujer es mi madre**, pero fue también la esposa que la Enéada creó para mí.

Y delante de todos, Bata, ahora convertido en faraón, relató su historia.

Entonces, los grandes de Egipto exclamaron:

–En verdad, esta mujer merece la muerte. ¡Que sea castigada por la espada como lo fueron, al comienzo de los tiempos, los enemigos de Re!

Viruta: pequeño pedazo de madera.

Esencia de los dioses: la mujer de Bata, convertida en gran favorita, era hija de la Enéada.

Esta mujer es mi madre: Bata, a través de la viruta tragada por su mujer, hace que ésta se quede embarazada y renace en su cuerpo.

LA AGRICULTURA constituía la principal actividad de Egipto, y los campesinos formaban el grupo más numeroso de la población. El país producía, gracias a la irrigación, cereales, verduras y fruta. El ganado era, asimismo, abundante, y el río y sus orillas permitían tanto la pesca como la caza de aves.

Los propietarios

Un labrador

Mientras que la mayoría de la población del campo a duras penas tenía casas donde vivir, unos pocos privilegiados, próximos al faraón o notables, disfrutaban de enormes propiedades. En teoría, toda la tierra pertenecía al soberano, quien cedía su uso a los «nobles». En realidad, las propiedades pasaban por herencia de padres a hijos y éstos «olvidaban» que eran tan sólo beneficiarios de ellas.

La crecida del Nilo

Ésta transformaba todo el valle en una especie de enorme lago del que tan sólo emergían las lomas más altas, sobre las cuales se construían los pueblos y las ciudades, los templos y los palacios.

El trabajo del campesino

Esta miniatura, encontrada en una tumba, muestra a un campesino **labrando** el campo. Esta actividad se desarrollaba hasta finales de octubre, cuando bajaban las aguas de la crecida.

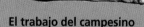

El «noble» Nebamón cazando aves acuáticas

Propietario pasando revista a su ganado

❝ Entre ambos hermanos reinaba una perfecta armonía y Bata ayudaba a su hermano mayor en todas las tareas del campo. ❞

El libro de Tot

Érase una vez un rey llamado Usermaatre que tenía un hijo muy sabio que se llamaba Setne, cuyos poderes mágicos no tenían rival en todo Egipto. Setne pasaba las horas leyendo los textos grabados en las tumbas, en los muros y en las **estelas** de los templos. Un día en que se encontraba paseándose por el atrio del templo de Ptah leyendo las inscripciones, un hombre que estaba allí le dijo:

Estela: monumento de piedra en el que hay grabadas inscripciones.

–Si quieres leer un texto realmente interesante, ven conmigo y te mostraré dónde se halla el libro que ha escrito Tot de su propio puño y letra. Contiene dos fórmulas: con la primera, podrás encantar el universo y entenderás lo que dicen los animales; con la segunda, incluso estando dentro de la tumba, podrás retomar la forma que tenías en la tierra.

–¡Por mi vida! –respondió Setne–. Dime qué es lo que deseas y lo tendrás si me llevas hasta donde se encuentra ese libro.

–El libro se halla en la tumba de Nenoferkaptah, el hijo del rey Mernebptah –respondió el hombre.

Al oír estas palabras, Setne perdió la razón. Se presentó ante el rey, le repitió todo lo que aquel hombre le había dicho y le pidió autorización para abrir la tumba de Nenofer-kaptah.

El rey accedió a los deseos de Setne y éste se dirigió a la necrópolis de Menfis, donde pasó tres días y tres noches buscando entre las tumbas antes de encontrar aquella en la que reposaba Nenoferkaptah. Entonces, Setne recitó una fórmula mágica y se abrió un agujero en la tierra que dejó despejada la entrada a la tumba. Setne descendió a la cámara mortuoria, donde la claridad era tan fuerte como si el sol hubiera entrado en ella. Sin embargo, la luz procedía del libro, que iluminaba todo a su alrededor.

Nenoferkaptah no estaba solo en la tumba: le acompañaban su mujer, Ahuré, y su hijo Merib. Cuando Setne se acercó, Ahuré se incorporó y le preguntó quién era.

–Soy Setne, y he venido a buscar el libro de Tot. Dámelo o te lo quitaré por la fuerza –contestó.

–Pero primero –le dijo Ahuré– te ruego que escuches todas las desgracias que nos han ocurrido a causa de ese libro que exiges.

«Mi nombre es Ahuré, y soy hija del rey Mernebptah, y éste que ves aquí, a mi lado, es mi hermano Nenoferkaptah. Cuando me llegó la hora de casarme, mi madre fue a ver al rey y le dijo:

»–Ahuré, nuestra hija, ama a Nenoferkaptah, su hermano mayor. Casémoslos.

»Pero el rey le respondió:

»–¿Sólo tienes dos hijos, y quieres casarlos el uno con el otro?

»–Sí, quiero hacerlo a pesar de no tener más hijos –le dijo ella.

»Entonces el rey aceptó nuestro matrimonio y la misma noche de nuestra boda concebimos un hijo. Cuando nació le pusimos el nombre de Merib.

»Tiempo después, un día en que Nenoferkaptah, mi esposo, estaba paseándose por la necrópolis de Menfis descifrando las inscripciones de las tumbas antiguas, se encontró con un anciano sacerdote que le dijo:

»–¿Por qué pierdes el tiempo aquí leyendo textos que no tienen ninguna importancia? Ven conmigo y te mostraré el lugar donde se encuentra el libro que Tot escribió de su propio puño y letra. Contiene dos fórmulas: con la primera, podrás encantar el universo y entenderás el lenguaje de los animales; con la segunda, y aunque te encuentres en la tumba, podrás recuperar la forma que tenías en la tierra.

»Nenoferkaptah le dijo al sacerdote:

»–¡Por la vida del rey! Dime lo que deseas y yo te lo daré si me llevas hasta donde se encuentra ese libro.

»El sacerdote le respondió:

Deben:
peso de alrededor de 92 g.

Mar de Coptos:
mar Rojo.

»–Dame cien **debenes** de plata para mi sepultura y te diré dónde está.

»Nenoferkaptah hizo entregar esta suma al sacerdote, quien le dijo:

»–El libro se encuentra en medio del **mar de Coptos**, en un cofre de hierro guardado por una serpiente divina.

»Cuando Nenoferkaptah oyó esto, perdió la cabeza. Me contó todo y dijo que partiría a la búsqueda del libro. No logré disuadirlo y partimos los tres, Nenoferkaptah, yo y nuestro hijo, hacia Coptos, donde nos acogieron los sacerdotes del templo de Isis. Dentro del templo, Nenoferkaptah mandó sacrificar un toro y se lo ofreció a la diosa. Después, preguntó dónde podía conseguir una gran cantidad de cera y con ella modeló un barco y su tripulación. Luego, pronunciando una fórmula mágica, le dio vida y se hizo a la mar, confiándonos, a mí y a nuestro hijo, al cuidado de los sacerdotes.

»Durante tres días, la tripulación remó hasta el lugar donde debía encontrarse el libro. Una vez allí, Nenoferkaptah lanzó un puñado de arena al agua, que se abrió ante él.

Entonces, vio el cofre guardado por la serpiente divina y descendió hasta donde ésta se encontraba para enfrentarse a ella. Después de una violenta lucha, consiguió matarla y apoderarse del cofre. Finalmente lo abrió, y allí estaba el libro. Cuando pronunció la primera fórmula que estaba inscrita en él, el universo quedó encantado y entendió el lenguaje de los animales.

»Volvió a subir a bordo de la nave, unió de nuevo las aguas y regresó al lugar donde yo me encontraba. Me puso el libro en la mano y después mandó que le trajeran un papiro y copió todo el contenido del mismo. Cuando hubo hecho esto, lo embebió en cerveza y lo disolvió todo en agua. Una vez disuelto, se bebió el líquido y supo todo aquello que estaba escrito en el libro. Después volvimos al templo de Isis para rendir homenaje a la diosa antes de nuestro regreso al norte.

»Pero sucedió que Tot se había dado cuenta de todo, y obtuvo de Re la prerrogativa de castigar a Nenoferkaptah. Y he aquí el castigo que le destinó.

»Cuando estábamos en el barco, nuestro hijo, Merib, se inclinó sobre el agua y se ahogó. Nenoferkaptah salió de la bodega, pronunció una fórmula mágica y lo hizo salir del agua. Gracias a otra fórmula, hizo que nos contara lo que le había pasado. Fue así como nos enteramos de la cólera de Tot. Entonces, regresamos a Coptos para enterrar a nuestro hijo. En el camino de regreso, en el lugar exacto donde Merib se había caído, fui empujada por una fuerza que me arrastró al agua y me ahogué. Nenoferkaptah me sacó del río y me llevó a Coptos para enterrarme junto a nuestro hijo. Antes de embarcar de nuevo, fabricó una envoltura mágica con lino real y en ella colocó el libro y lo sujetó sólidamente a su pecho. Cuando el navío llegó al lugar fatídico, Nenoferkaptah se sintió a su vez arrastrado hacia el agua y se ahogó. La tripulación no logró encontrar su cuerpo y regresó a la capital con gran duelo.

»Cuando el faraón supo la noticia, se dirigió hacia el muelle para recibir al navío. Llevaba un manto de luto, y lo mismo el resto de los miembros de la corte. Pero he aquí que, cuando la embarcación se acercó, el cuerpo de Nenoferkaptah reapareció, enganchado en el timón de la nave. Lo sacaron del agua y todos pudieron ver el libro sujeto a su pecho. El faraón ordenó que se celebraran los funerales y depositaron el cuerpo en el interior de su mansión eterna junto con el libro.

Después de escuchar esta historia, Setne continuó reclamando el libro a Ahuré. Entonces, Nenoferkaptah, que no había dicho nada hasta ese instante, se incorporó y dijo:

–Setne, ¿acaso te crees capaz de apoderarte del libro? ¿Deseas que nos lo juguemos?

Setne aceptó el reto y ambos empezaron a jugar. Al cabo de tres partidas, Setne salió vencedor y pudo apoderarse del libro de Tot.

Entonces salió de la tumba y volvió a sellarla.

De regreso al palacio, Setne le relató toda la historia al faraón, quien le dijo:

–Compórtate como un hombre sabio y devuelve este libro a Nenoferkaptah.

Pero Setne no quiso escuchar. Tan sólo tenía una idea en la cabeza, abrir el libro y leer las fórmulas.

Pero cuando llegó la noche, antes de haber podido siquiera descubrir el contenido del libro, Setne tuvo un sueño.

En él, se vio sobre el atrio del templo de Ptah, donde una mujer de extraordinaria belleza se acercaba a él.

Al punto, se enamoró perdidamente de ella y quiso poseerla. Siguió a la mujer hasta su casa y consiguió entrar. Una vez allí, cuando él le declaró su amor, la mujer le respondió que sólo sería suya si abandonaba a su esposa y desheredaba a sus hijos en su favor. Inmediatamente, Setne accedió a sus deseos. Después, la mujer le pidió que matara a sus hijos delante de ella y que tirara sus cuerpos a los perros. Fuera de sí por el deseo, Setne hizo venir a sus hijos y los mató con sus propias manos. Entonces, la mujer se ofreció a él. Pero cuando fue a poseerla, ella lanzó un grito... y Setne se despertó.

Turbado, fue en busca del faraón y le contó su sueño. Éste le dijo:

–Esa mujer que aparece en tu sueño es el espíritu de Ahuré, que quiere hacerte comprender que has actuado mal quedándote con el libro. Es el deseo lo que te consume, no la sabiduría. Y al igual que has cometido una falta queriendo poseer el libro, también has cometido una aún mayor en tu sueño, dando muerte a tus hijos. Ve ahora mismo a devolver el libro a Nenoferkaptah.

Setne tomó el libro de Tot y descendió de nuevo hasta la tumba de Nenoferkaptah.

–He actuado mal –le dijo–, al apoderarme de este libro que tantas desgracias te ha causado. ¿Puedo hacer algo por ti?

Nenoferkaptah le respondió:

–Setne, tú sabes que Ahuré y nuestro hijo Merib están en Coptos. Lo que ves aquí tan sólo es su sombra. Ve a Coptos y tráelos a mi mansión de la eternidad.

Cuando Setne salió de la tumba, fue a ver al faraón y le explicó lo que le había dicho Nenoferkaptah. Entonces, el faraón le ofreció, un navío real y una tripulación. Una vez en Coptos, Setne fue en busca de la tumba de Ahuré y de su hijo. Pasaron tres días y tres noches antes de que la encontrara. Setne ordenó que la abrieran y pronunció las palabras rituales antes de llevarse los cuerpos y conducirlos de vuelta a Menfis, donde los hizo colocar al lado de Nenoferkaptah.

Y así finaliza la historia de Setne y de Nenoferkaptah, dos hombres de gran sabiduría, pero que pecaron contra los dioses al querer apoderarse de lo que sólo ellos tienen derecho a saber. Pues aun conociendo lo que podría llegar a ser, el hombre no es más que una criatura de los dioses.

LA ESCRITURA está presente en todo el antiguo Egipto. En un principio, se utilizaba para transcribir las palabras de los dioses y su historia, y más tarde las del faraón. Luego empezó a usarse para relatar las actividades de los habitantes del valle del río Nilo.

El dios Tot, protector de los escribas

Tablilla de colegial, papiro y punzón de madera

Los soportes

El escriba utilizaba cualquier soporte para escribir: el papiro, por supuesto, pero también **tablillas** de madera o fragmentos de caliza y de cerámica.

Los jeroglíficos

Los signos jeroglíficos representan a la vez imágenes, ideas y sonidos. De este tipo de escritura nacieron otras de signos simplificados, la hierática y la demótica.

Los escribas registran la recogida del grano

> 66 Setne pasaba las horas leyendo los textos grabados en las tumbas, los muros y las estelas de los templos. 99

Un escriba célebre

Imhotep, el constructor de la primera pirámide de Saqqāra, comenzó siendo escriba antes de convertirse en el arquitecto favorito del faraón Zoser, y dos siglos después de su muerte todavía se le veneraba.

El trabajo de los escribas

En Egipto, se registraba todo. Había un escriba en las grandes propiedades agrícolas y en los templos. El del faraón era el funcionario real.

Los escribas

Formaban un grupo social muy respetado y orgulloso. Tras años de duro estudio, el escriba pasaban a formar parte de las diversas administraciones y podían convertirse en un personaje relevante.

El escriba del Louvre

La batalla de Qadesh

En este segundo mes de la estación Shemu del noveno año del reinado del faraón del Alto y del Bajo Egipto Rameses II, yo, Pentaur, escriba, concluyo este relato de la gran victoria conseguida por Su Majestad junto a la ciudad de Qadesh, contra el rey de los hititas. Yo no estaba presente en esa batalla acaecida hace cinco años, y he tenido que consultar a mis colegas, el responsable de los Archivos reales, Ameneminet, y el escriba del Tesoro del palacio real, Amenemuya. Ambos me han prestado toda su ayuda para que pudiera cumplir la orden de Su Majestad.

Así pues, durante el quinto año de su reinado, Su Majestad, después de conocer las intenciones de Muwatalli, el pérfido rey de los hititas, decide conducir a su ejército hasta Qadesh para terminar con él. Desde su palacio de Menfis, ordena la formación de sus tropas en su nueva ciudad de Pi-Ramsés. Y allí es donde, rodeado por algunos de sus hijos y acompañado de todos los grandes del reino, elabora los planes de su campaña bélica.

Durante ese tiempo, los **arsenales** desbordan de actividad. De las fundiciones salen puntas de flecha, lanzas, hachas y espadas por millares, y los rápidos carros de guerra se prueban y se refuerzan con el fin de que estén bien preparados para el largo trayecto que les espera. Los pesados escudos de madera se recubren de cuero y se ponen nuevas cuerdas en los arcos.

Por fin, el noveno día del segundo mes de Shemu, Su Majestad, montada en su carro recubierto de oro y conducido por sus dos mejores caballos, llamados *Victoria en Tebas* y *Mut está satisfecha*, luciendo su corpiño de cuero reforzado con placas de bronce dorado y su corona con discos de lapislázuli, pasa revista a su ejército. Está rodeado por su guardia personal, compuesta por soldados egipcios y los salvajes shardan, antiguos prisioneros que prefirieron servir al rey antes que seguir siendo esclavos, fácilmente reconocibles por sus escudos redondos y su casco de bronce con dos cuernos.

Delante de él desfilan las cuatro divisiones, con la de **Amón** abriendo la marcha. Los carros, ocupados por los soldados más hábiles, preceden a la **infantería**. Cada carro va tirado por dos robustos **corceles** y montado por dos hombres armados con lanzas y arcos, orgullosos de pertenecer a la elite y de combatir junto al rey. Los acompaña la infantería ligera, que masacra a los enemigos que caen al suelo. Tras ella van los músicos que tocan sus trompetas y golpean los tambores. A continuación viene la infantería, con cuatro mil

Arsenal: en este caso, fábrica de armas.
Amón: principal dios de la ciudad de Tebas.
Infantería: conjunto de los soldados de a pie.
Corcel: caballo ligero de gran alzada que se utilizaba en las batallas.

hombres repartidos en grupos de doscientos soldados conducidos por sus oficiales y subdivididos en unidades de cincuenta soldados precedidos de un **portaestandarte**. Van armados con potentes arcos, largas lanzas, hachas cortantes y afiladas espadas. Finalmente, cerrando la marcha de cada división, van los pesados carros de intendencia, tirados por fuertes bueyes y ocupados por los sirvientes, médicos y artesanos.

Cuando el ejército al completo ha terminado de desfilar y de aclamar a Su Majestad, ésta remonta la larga fila, conducida a galope por sus nobles corceles, y se coloca a la cabeza para partir hacia el norte, donde comienzan los territorios extranjeros que, desde siempre, llevan sus **tributos** al faraón. Cuando el ejército aparece, bordeando la costa del Gran Verde, multitud de jefes y príncipes salen a rendir tributo a Su Majestad, temerosos de su poder.

Un mes después de haber dejado Pi-Ramsés, Su Majestad acampa en las alturas que dominan el **Orontes**. Al atravesar el bosque de Labui, los exploradores de Su Majestad le traen a dos prisioneros, dos beduinos shosu. Éstos se tiran a los pies del faraón, diciendo ser los hermanos de los jefes beduinos, que están ansiosos de prestar su ayuda al gran rey de Egipto.

Cuando éste les pregunta dónde se encuentran esos jefes, los dos hombres responden:

Portaestandarte: oficial destinado a llevar el estandarte de un regimiento.

Tributo: cantidad de dinero u objetos que el vencido debe entregar al vencedor.

Orontes: río que nace en el actual Líbano y que desemboca en el Mediterráneo.

—Están cerca del vil hitita, que en estos momentos se halla cerca de Alep, ya que tiene miedo de descender más al sur a causa de la presencia de Su Majestad.

Contento por esta noticia que sitúa al rey de los hititas lejos, en el norte, el faraón ordena apretar el paso a su ejército con el fin de llegar lo más pronto posible a Qadesh. **Vadea** el río con sus sirvientes y su guardia, seguido muy de cerca por la división de Amón, mientras que las divisiones de Re, de Ptah y de Set los siguen desde lejos.

Vadear: cruzar un río por un lugar donde el nivel del agua es lo suficientemente bajo como para poder atravesarlo a pie.

Una vez atravesada la llanura de Qadesh, el rey ordena instalar su campamento al noroeste de la ciudad rebelde, separada de la tierra sobre una especie de isla formada por el Orontes y uno de sus afluentes. Allí se monta la tienda real y se instala el trono de Su Majestad, que de este modo puede relajarse mientras los soldados del ejército de Amón fortifican el entorno cavando fosos y rodeándolo con sus grandes escudos de madera sólidamente clavados en el suelo.

El rey se halla instalado, pues, en su tienda, acompañado de sus hijos, sus oficiales y sus sirvientes, cuando los exploradores conducen a su presencia a dos espías hititas. Los han capturado y molido a golpes, y esto es lo que confiesan ante Su Majestad:

—El soberano de los hititas nos ha enviado para que averigüemos dónde se encuentra Su Majestad.

El faraón entonces les dice:

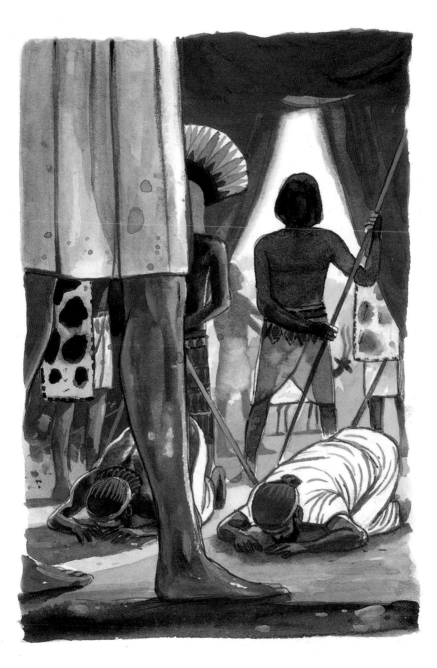

–¿Dónde se halla ahora ese vil hitita que, según tengo entendido, se encontraba en las tierras de Alep?

Los prisioneros responden:

–Ya ha llegado, y va acompañado por sus soldados y por los de sus aliados. Se encuentran justo detrás de Qadesh, ¡y son más numerosos que los granos de arena del mar!

Estupefacto ante tales revelaciones que sitúan al enemigo muy cerca, y furioso contra sus oficiales, que no han sido capaces de localizar a un adversario tan próximo y que se han dejado engañar por la astucia de los dos beduinos, sin duda enviados por el rey de los hititas, Su Majestad reprende con dureza a los suyos. Se dirige a su visir con estas palabras:

–¡Date prisa y avisa a las divisiones de Ptah y de Set, que siguen en el bosque de Labui, y diles que se apresuren!

Después llama a sus sirvientes para que le traigan sus armas, mientras sus oficiales corren a movilizar a los soldados dispersos por todo el campamento.

Pero ya es demasiado tarde. El vil hitita ha lanzado sus tropas contra el ejército de Re, que en ese momento atraviesa la llanura de Qadesh. Los dos mil quinientos carros arremeten contra los soldados egipcios, atacados por sorpresa por un enemigo que no creían tan próximo. Los restos del ejército se dispersan en todas direcciones, sin ofrecer resistencia alguna a los hititas, que se dirigen hacia el mal defendido campamento. Y los primeros fugitivos alcanzan las puertas del mismo, seguidos por los carros enemigos, cuando los soldados del ejército de Amón ni siquiera se han formado todavía en orden de batalla.

Incapaces de contraatacar, se dispersan por todos lados, prestando oídos sordos a las órdenes de sus oficiales. Una horda de carros enemigos se introduce ya en el campamento.

Mientras, Su Majestad no permanece inactivo. Se reúne con su escudero Menna y le dice:

—¡Mantén la calma, no te alteres, escudero mío! Yo me lanzaré contra ellos como un halcón se abate sobre su presa. Los mataré, los masacraré y los venceré.

A continuación, tras saltar sobre su carro tirado por sus dos fieles caballos, procede a cargar contra los enemigos. Más de dos mil carros cargan contra él. Y mientras arremete contra ellos, lleno de la cólera de Set y del furor de Sejmet, se dirige a Amón:

—No tengo a mi lado a ninguno de mis oficiales, a ninguno de mis carros, a ninguno de mis soldados. ¡Estoy solo! ¿Qué te ocurre, oh Amón, padre mío? ¿Es que un padre puede olvidar a su hijo? ¿Acaso he desobedecido alguna vez alguna de tus órdenes? ¿Qué pueden significar para ti estos asiáticos? Unos seres despreciables que no conocen a Dios. ¿Acaso no he construido en tu honor numerosos y grandes monumentos, y no he llenado tus templos de miles de esclavos? Me dirijo a ti, oh Amón, padre mío. Estoy ante un sinfín de enemigos. Mi infantería me ha abandonado y mis carros huyen. Yo los llamo, pero ninguno me escucha. ¡Pero sé que Amón vale más que un millón de soldados, más que un centenar de miles de carros!

En ese momento, Su Majestad ve, en medio de un gran estruendo de truenos, cómo Amón le tiende la mano y se dirige a él con estas palabras:

–¡Estoy contigo, Ramsés, amado de Amón! ¡Soy yo, tu padre, y mi mano está junto a la tuya! Yo soy el señor de la victoria y amo el coraje y el valor.

Entonces, Su Majestad empieza a atemorizar a los enemigos. Sus repetidas cargas hacen vacilar a sus adversarios, y poco a poco los soldados de la guardia real recuperan sus posiciones. Los salvajes shardan se reagrupan en torno a su señor y se lanzan a la lucha. Los carros egipcios, dispersos por la estampida enemiga, se introducen a su vez en la batalla. Pero los adversarios son numerosos y las divisiones de Ptah y de

Set aún se encuentran lejos. A pesar de su coraje y del furor de Su Majestad, los egipcios no pueden evitar ser masacrados.

Pero justo en ese momento, llegan los refuerzos. El ejército que Su Majestad ha enviado a la costa fenicia llega finalmente a la llanura de Qadesh. Sus soldados avanzan en orden, y sus carros se lanzan contra el enemigo que, ante este ataque imprevisto, rompe filas y se repliega en el Orontes.

Se produce una gran desbandada. Animados por el ardor guerrero de Su Majestad, los egipcios se lanzan a la persecución de sus adversarios. En medio del más completo caos, éstos se tiran al río para escapar a la venganza del faraón. Muchos son los que se ahogan debido al enorme peso de sus propias armas.

El príncipe de Alep, que ha dirigido el ataque de los ejércitos aliados de los hititas, se salva de milagro: sus sirvien-

tes le sacan del río y se ven obligados a levantarlo por los tobillos, cabeza abajo, para que expulse toda el agua que ha tragado.

Al fin, la batalla concluye. Los cadáveres cubren el suelo del campamento y la llanura que lo rodea. Los heridos gimen y piden ayuda, mientras que los oficiales reagrupan a sus soldados y se dirigen hacia donde se encuentra Su Majestad. El faraón sigue montado en su carro, y los rayos del sol iluminan su coraza dorada. Una gran aclamación surge de las gargantas de los soldados, pero Su Majestad, todavía lleno de la ira de Sejmet, sigue furioso con ellos:

–¿Qué es lo que os ha sucedido, oficiales, infantería, carros, que habéis abandonado el combate? ¿Acaso no os he tratado bien a cada uno de vosotros? Y en cambio, vosotros me habéis dejado solo en medio de los enemigos. ¿Qué dirán cuando sepan que me habéis abandonado? He conducido a *Victoria en Tebas* y *Mut está satisfecha*, mis dos grandes corceles, y han sido ellos los que me han protegido cuando combatía a los numerosos enemigos. En lo sucesivo, seré yo mismo quien les dé el forraje todos los días, una vez en palacio.

Pronunciadas estas palabras, Su Majestad ordena a los soldados que pongan orden en el campamento y en el campo de batalla.

Los médicos montan sus tiendas para acoger a los heridos y a los enemigos capturados se les atan las manos y se les conduce en una larga fila hasta el faraón.

Los soldados recogen a sus muertos para poder enterrarlos con todos los honores y cortan la mano derecha a los enemigos muertos para llevárselas a los escribas con el fin de que éstos realicen el recuento.

Al cabo de todo este tiempo, cuando el día está ya tocando a su fin, las dos divisiones restantes, la de Ptah y la de Set, llegan finalmente al campo de batalla.

Su Majestad tiene ahora a todo su ejército a su lado. A pesar del ataque del vil hitita, los daños han sido mínimos. El faraón decide realizar un último asalto al día siguiente contra las tropas enemigas, al pie de la ciudadela de Qadesh.

Por la mañana, Su Majestad dispone sus tropas en orden de batalla. Rodeada por su guardia y sus carros, seguida por los **piqueros** y los arqueros, carga con furia.

Piquero: soldado armado con una pica.

Ureo: representación de una cobra en posición de ataque, con la cabeza abierta y vibrando de cólera, preparada para lanzar su veneno sobre su adversario. Se la relacionaba con los dioses guerreros Re y Montu.

El sol se refleja en su coraza y el **ureo** de oro brilla sobre su corona de lapislázuli: recuerda a Re, el dios que fulmina a sus enemigos con sus rayos.

A pesar de la masacre, los hititas aún son numerosos. Sus carros, diezmados por las bajas del día anterior, no pueden contraatacar, pero su infantería todavía resiste.

Muwatalli, el rey de los hititas, al ver que la victoria ya no es posible y que su situación no tiene salida, envía a Su Majestad un mensajero con el encargo de transmitirle las siguientes palabras:

–Tú eres Re-Haractes, eres Set, eres el mismo **Baal** y el terror de los hititas. No te muestres violento hacia nosotros. Tu gloria es grande. Llegaste ayer y masacraste a mis soldados por millares. Y has regresado hoy y no has dejado herederos en el país de los hititas. No seas demasiado duro con nosotros, oh rey victorioso. La paz es más útil que la guerra, déjanos un soplo de vida.

Baal: dios guerrero de origen fenicio.

Entonces, Su Majestad acepta la paz implorada por el vil príncipe de los hititas y cada rey conduce sus tropas a sus posiciones iniciales, con la ciudad de Qadesh de nuevo en manos de su príncipe.

Una vez que el país se encuentra pacificado, Su Majestad se apresura a volver a Egipto. Reúne a su ejército e inicia el camino hacia el sur, seguida por miles de prisioneros y pesados carros llenos de trofeos de guerra y de tributos entregados por los vasallos de los países extranjeros.

Finalmente, al concluir el primer mes de la estación Akhet del año sexto, Su Majestad y su armada victoriosa llegan a la ciudad de Pi-Ramsés.

El faraón va a rendir homenaje a los dioses, y en particular a su padre Amón, que lo ha protegido durante la batalla. Le ofrece varios lingotes de oro y de plata, así como miles de prisioneros y cabezas de ganado. Después, regresa a su palacio y sale a saludar a su pueblo desde la ventana. Allí, toda la población lo aclama y le da las gracias.

EL EJÉRCITO EGIPCIO, fundamental para la unión del país en tiempos de los primeros reyes, sirvió más tarde para defender las fronteras y en las conquistas realizadas al sur (en la región de Nubia) o al este (en Palestina). Durante mucho tiempo estuvo constituido únicamente por infantes, piqueros y arqueros, pero hacia 1500 a. C. se unieron a ella los carros, un elemento que los egipcios copiaron de sus enemigos asiáticos.

Anillo decorado con caballos

Soldados yendo a la guerra

Los caballos

Los egipcios utilizaban los caballos únicamente para que tirasen de sus carros de guerra. Los soldados de los carros formaban la elite del ejército.

Los prisioneros

A menudo numerosos (en ocasiones se contaban incluso por millares), eran conducidos por el faraón, quien se los ofrecía a sus allegados o los cedía a los templos. También se les enrolaba en el ejército o se les obligaba a cultivar las tierras de las zonas fronterizas.

La vida de los soldados

Las condiciones de vida de los soldados eran muy duras. Habían de soportar marchas agotadoras, aprovisionamientos y cuidados médicos precarios, pero sobre todo tenían miedo de morir en un país extranjero y de no ser enterrados con los ritos egipcios.

Unidad de infantería

> **❝** Entonces, tras saltar sobre su carro conducido por sus dos fieles caballos, Rameses carga contra los numerosos enemigos. **❞**

Puñales

Tutankamón ataca a los nubios

Prisionero asiático

Las armas

Los soldados llevaban picas, escudos de madera, en ocasiones recubiertos de cuero, lanzas, arcos, hachas, **puñales** y espadas.

El ejército

Estaba constituido por egipcios, pero también contaba con mercenarios reclutados en Nubia o Libia.

El jefe de los ejércitos

La guerra formaba parte de las actividades del faraón, que combatía a los enemigos del país del mismo modo que, en las ceremonias religiosas, combatía las fuerzas del mal.

La entrada al más allá

En el año 39 del reinado de Su Majestad, el rey del Alto y del Bajo Egipto Rameses II, yo, Qenherkhepshef, escriba de la tumba del hijo de Re, **Mineptah**, he cumplido con todos los ritos del paso de mi padre, Ramoses, hacia el bello Occidente.

En el momento de su muerte, y después de haberle llorado en su casa, rodeado por toda mi familia y las **plañideras** que he hecho venir para él, he llevado su cadáver al lugar donde se lleva a cabo la Purificación con el fin de que lo preparen para la entrada a la eternidad.

Una vez allí, bajo la dirección del «sacerdote que conoce los secretos», quien ha llevado durante toda la operación una máscara de chacal negro a imagen del dios **Anubis**, los embalsamadores han limpiado primero el cuerpo, le han extraído el cerebro con un gancho introducido a través de las fosas nasales, y después le han hecho una incisión en el costado izquierdo con una lámina de **obsidiana** y le han extraído las vísceras, a excepción del corazón, que es donde reside la inteligencia y el alma. A continuación, el

Mineptah: (1213-1204 a. C.) hijo y sucesor de Rameses II.

Plañidera: mujer llamada para llorar en los entierros.

Anubis: dios protector de los embalsamamientos.

Obsidiana: roca de origen volcánico que tiene una textura parecida a la del vidrio.

cuerpo ha permanecido durante cuarenta días en una mesa de piedra y ha sido recubierto de natrón traído del oasis de Sal con el objeto de desecarlo.

Han lavado las vísceras, las han cubierto de resina, las han envuelto en lino y las han colocado en cuatro vasos que protegerán los cuatro hijos de Horus: Amset, de rostro humano, que velará por su hígado durante toda la eternidad; Hapi, con cabeza de babuino, que hará lo mismo con los pulmones; Duamutef, de cabeza de chacal, que velará por su estómago, y Qebehsennuf, con cabeza de halcón, que cuidará de sus intestinos.

Después, el cuerpo se ha trasladado a la casa de la Belleza. Allí lo han llenado de trapos embebidos en resina y especias, **Amuleto:** objeto que preserva de los peligros. y después lo han enrollado con cintas de lino entre las que se han introducido **amuletos**. Entre ellos

destaca un corazón de jaspe verde, que lleva una fórmula mágica y que se ha colocado sobre su corazón. Y en la garganta le han puesto un rollo de papiro de amazonita verde, color del renacimiento.

Tit: amuleto ligado a la diosa Isis.
Dyed: amuleto que representaba la columna vertebral de Osiris.

También se han colocado un *tit* de jaspe rojo y un *dyed* de lapislázuli en su pecho, y un reposacabezas dispuesto bajo su cuello le permitirá levantar la cabeza en el momento de la resurrección. Y cuando todo esto ha sido realizado, han puesto una máscara dorada sobre su cabeza en recuerdo del esplendor de su juventud.

El día de los funerales, dejamos la casa del Embalsamamiento y nos dirigimos hacia la mansión de la eternidad de mi padre. El cortejo se estiró sobre el camino. Precedido por las plañideras, el ataúd iba tirado por dos bueyes y por hombres que habían estado cerca de mi padre. Delante de él, un sacerdote pronunciaba fórmulas mágicas, mientras otro quemaba incienso.

Detrás iban los sirvientes, que llevaban el mobiliario que acompañaría a mi padre en su tumba.

Cuando llegamos ante la capilla funeraria que coronaba el panteón, me vestí con una piel de pantera para proceder a los últimos rituales ante el cuerpo momificado, que sostenía un sacerdote que llevaba la máscara de Anubis. Unté su rostro con ungüentos, y después cogí un **escoplo** para realizar la ceremonia de abertura de boca que permitiría a mi padre recuperar el aliento de vida. Una vez finalizados todos los ritos, fue introducido en un arcón con la forma de su cuerpo momificado, acompañado del papiro del *Libro de la Salida del Día*, que le permitirá presentarse ante Osiris sin problemas.

Más tarde, el sarcófago se introdujo en la tumba y se colocó sobre un lecho de madera. Muy próximos se encontraban su estatua, envuelta en una tela de lino, el arcón que contiene los **vasos canopos** y el cofre de los *shawabtis*. Todos sus bienes se apiñaron de la mejor manera posible, pues eran tan numerosos que apenas cabían. Había arcas que contenían sus vestimentas y otra en la que se encontraban sus objetos de aseo personal: su navaja de afeitar de bronce, un par de tijeras, un espejo, unos pequeños recipientes de cristal y alabastro con ungüentos y perfumes.

Escoplo: instrumento que utilizan los ebanistas para tallar la madera.
Vasos canopos: vasijas que contenían las vísceras del muerto.
Shawabtis: estatuillas que representaban al difunto y que se encargaban de realizar por él su trabajo en el más allá.

También había una butaca, una silla y un taburete de madera, unas esteras de juncos y mesas de madera de palma.

Finalmente, añadimos varias cestas llenas de **vituallas**, así como unos jarros de vino y de cerveza para que pudiese saciarse y relajarse durante toda la eternidad.

Cuando hubimos concluido, se construyó un muro de piedra para sellar la entrada a la tumba y el pasadizo que llevaba hasta ella se volvió a tapar de nuevo. De este modo, de ahora en adelante, la mansión de la eternidad de mi padre será inaccesible y desde el exterior sólo se verá la capilla cubierta por una pequeña pirámide de ladrillo.

Y así es, pues, cómo se desarrolla el juicio de los muertos, explicado por el propio Ramoses.

Yo soy **Osiris** Ramoses. Al morir, mi *bai* ha salido volando de mi envoltura carnal. Al anuncio de mi fallecimiento, no se ha encontrado a nadie que pudiera decir algo malo de mí. De esta forma, mis funerales se han podido llevar a cabo con todos los rituales.

Heme aquí, a la entrada del reino de Osiris, y ya conozco las palabras que me permitirán atravesarlo en la barca de Re para llegar a la sala de las dos Maat, donde reside el tribunal divino. Cruzo el cielo en la barca acompañado por el gran dios y todo su séquito, y recorro el *rasetau* para llegar, finalmente, a la puerta de la sala de las dos Maat.

Vitualla: conjunto de víveres o alimentos.
Osiris: el difunto se asimila al dios de los muertos, Osiris.
Bai: representada por un pájaro con cabeza humana, le permite al difunto moverse por el mundo de los muertos y el de los vivos.
Rasetau: parte de la necrópolis de Menfis que designa aquí, de manera general, los lugares donde residen los difuntos.

Entonces oigo cómo la voz de Anubis se eleva en el interior de la sala:

–Resuena la voz de un hombre llegado de Egipto. Conoce nuestros caminos y nuestras ciudades, y yo me alegro de ello. ¿Pero quién es?

–Soy Osiris Ramoses –respondo–, y he venido para ver a los grandes dioses y para ser **juzgado** ante vosotros.

Juzgado: indica que el difunto ha pasado con éxito las pruebas que le permiten acceder al mundo de los muertos.

–En ese caso, que se lleve a cabo delante de nosotros el peso de tu corazón –me responde.

Y a continuación me pregunta:

–¿Conoces el nombre de la puerta de la sala de las dos Maat?

–El nombre de esa puerta es «Tú abres a Shu».

Entonces, Anubis me permite entrar y me conduce ante el tribunal de Osiris. El señor de Occidente se halla sentado en su trono, y a su lado se sientan los cuarenta y dos jueces divinos. Hay una balanza en el centro de la sala, junto a la cual se encuentra la diosa Maat, garante de la justicia, y el dios Tot, el escriba divino con cabeza de ibis. Mi corazón se deposita en uno de los platillos, y la pluma de avestruz, símbolo de Maat, en el otro. Si mi corazón pesa más que la pluma, seré lanzado al Devorador, ese monstruo híbrido que es a la vez cocodrilo, hipopótamo y león que limpia el mundo de los muertos de todos aquellos que han cometido pecados. Pero yo no tengo miedo, pues conozco la fórmula que le impedirá hablar contra mí:

–Oh, corazón mío, oh, corazón de mi madre, no te levantes contra mí en presencia de Osiris, no te manifiestes contra mí en el día del juicio.

Después, me vuelvo hacia el gran dios y le digo:

–Yo te saludo, gran dios. Te conozco, conozco tu nombre y el de los cuarenta y dos jueces que están contigo en esta sala de las dos Maat.

No he cometido ningún mal.

No he ofendido a Dios.

No he empobrecido al pobre.

No he hecho pasar hambre.

No he hecho llorar a nadie.

No he matado ni ordenado matar.

No he robado nunca las ofrendas de alimentos de los templos.

No he hecho trampas con los pesos y medidas.

No he quitado la leche de la boca a los recién nacidos.

No he impedido el riego de los campos.

Soy puro, tres veces puro.

El gran dios se dirige hacia la balanza y ordena pesar en ella mi corazón en presencia de todos y bajo la atenta mirada de Maat. El platillo sobre el que se deposita no experimenta movimiento alguno, lo que significa que mi corazón no pesa más que la pluma de la verdad y de la justicia. Entonces, el señor de la eternidad ordena a Tot que anote mi nombre en el gran registro de los justos. No me arrojarán al Devorador ni me sumirán en la oscuridad.

Soy Osiris Ramoses. Me han acogido entre los espíritus puros y todos los días salgo a la luz y recorro el cielo subido en la barca de Re. He entrado en el más allá, el reino del señor de Occidente, el señor de la eternidad, y trabajo en las tierras de Yalou, donde cultivo y cosecho sus campos. ¡Que los vivos puedan seguir realizando ofrendas en mi cámara funeraria y renovar los ensalmos rituales en mi memoria!

LA MUERTE es el momento de transición a la nueva vida. El faraón se reúne con los dioses, mientras que el resto de los mortales accede al reino de Osiris, muy parecido al mundo de los vivos. Para ello, es preciso proteger el cuerpo, momificarlo y acompañarlo de todo aquello que le permita vivir en la otra vida y reencontrarse con su universo familiar.

Descubrimiento de una tumba

En 1922, Howard Carter realizó uno de los mayores descubrimientos arqueológicos: el de la tumba, prácticamente intacta, del faraón Tutankamón.

Las plañideras

Antes de introducir al muerto en la tumba, las mujeres y las vecinas del fallecido proferían gritos de dolor levantando uno de los brazos por encima de su cabeza, gesto aún hoy vigente en Egipto.

Los sarcófagos

Al principio consistían en grandes cajas rectangulares de piedra o de madera. Más tarde, llegó el turno de los sarcófagos en forma de momia, a veces incluso dos por cada difunto, que iban uno dentro del otro.

Rituales fúnebres

« Yo, Qenherkhepshef, escriba de la tumba del hijo de Re, he cumplido con todos los ritos del paso de mi padre hacia el bello Occidente. »

Los rituales

Asimilado a Osiris, el difunto es velado por Isis y Neftis. Junto a ellas, Anubis y Horus rodean al muerto, transformado en un *dyed*.

Juicio ante Osiris

El juicio ante Osiris

Ante Osiris se pesa el corazón del difunto en una balanza en la que hace de contrapeso la pluma de la diosa Maat. Si los dos platillos quedan equilibrados, el muerto accede al mundo de Osiris, pero si el corazón pesa más que la pluma, es arrojado al Devorador. Junto a la balanza se encuentra Tot, el escriba divino, quien deja constancia del veredicto.

Momia de Rameses II

FUENTES DE LOS RELATOS

FUENTES EXTRANJERAS

Los relatos que se incluyen en este libro proceden
básicamente de fuentes egipcias de época faraónica. Tan
sólo se han incluido dos autores no egipcios: Heródoto,
el gran viajero e historiador griego del siglo V a. C., de
quien hemos tomado prestada la descripción del
proceso de momificación empleado por los antiguos
egipcios y recogido en *La entrada al más allá*; y Plutarco,
autor del siglo I, de quien hemos tomado el relato
La búsqueda de Isis.

FUENTES DEL ANTIGUO EGIPTO

Los otros relatos pertenecen a autores del antiguo
Egipto, sobre todo de época faraónica. De hecho, tan
sólo uno de ellos, *El libro de Tot* en concreto, data de la
época tolemaica (entre los siglos IV y I a. C.). De todos
modos, hace referencia a hechos muy anteriores en el
tiempo que se transmitieron a lo largo de los siglos
de forma oral o bien por escrito.

LOS AUTORES

Algunos relatos nos han llegado «firmados».
Gracias a ello sabemos que
el escriba Pentaur escribió la historia de
La batalla de Qadesh cuatro años después
de la misma. De igual modo, *El cuento
del náufrago* es obra de Amenaa, que
vivió hacia 1800-1780 a. C., mientras
que *El cuento de los dos hermanos* es
de Ennena, que vivió bajo el reinado
del faraón Siptah (hacia 1193-
1187 a. C.).

**Autores
desconocidos**
Poco, o nada,
sabemos de los
autores de estos
relatos mitológicos.
Tenemos algunos
nombres, pero nada
sabemos acerca de
la personalidad
de esos escribas. Y
es que un artista del
antiguo Egipto se
definiría a sí mismo
como un buen
artesano, y nunca
como un creador en
el sentido moderno
de la palabra.

Escritura hierática   Escritura demótica

EL SOPORTE DE LOS TEXTOS: EL PAPIRO

La mayor parte de los textos del antiguo Egipto nos han llegado escritos sobre papiros, un soporte muy frágil, circunstancia que explica que muchos de ellos nos hayan llegado incompletos o que su recomposición sea imposible. Por el contrario, los hay también que, a pesar de la fragilidad del soporte físico empleado, se han conservado a la perfección, como es el caso de *El cuento del náufrago*.

LA ESCRITURA DE LOS ANTIGUOS EGIPCIOS

Los jeroglíficos existen desde finales del IV milenio a. C. (en concreto, desde el año 3200 a. C. aproximadamente). Hacia 2680 a. C. apareció una nueva modalidad de escritura, la hierática, que poco a poco se vio reemplazada a su vez por otra modalidad, la escritura demótica (hacia 660 a. C.). Los textos de los antiguos egipcios que nos han llegado están escritos básicamente en estas dos últimas modalidades de escritura, y muy especialmente en la hierática, pues la mayor parte de los textos literarios que se han conservado son anteriores a la aparición de la escritua demótica.

LAS EDICIONES MODERNAS

Salvo los relatos de *La batalla de Qadesh* y *La entrada al más allá*, reescritos a partir de fuentes diversas, tanto escritas como orales, los cuentos egipcios del presente libro se han publicado varias veces por expertos en la materia, como G. Lefèbvre (*Relatos y cuentos egipcios de época faraónica*); y Cl. LaCouette (*Textos sagrados y textos profanos del antiguo Egipto*).

CRÉDITOS DE LAS FOTOGRAFÍAS

s: superior i: inferior
d: derecha
iz: izquierda c: centro

5 Escarabeo de esquisto esmaltado, Nuevo Imperio, Louvre © RMN, París.

12 s: Amón-Re, bronce, Bajo Imperio, col. Musée du Louvre, París © RMN; i: Isis amamantando al dios Horus, madera pintada y bañada, época tolemaica, col. Musée du Louvre, París © RMN; d: diosas Selkis y Neftis, detalle, recipiente para vasos cánopos, col. Museo de El Cairo © Arthephot/M. Babey; s: representación alegórica del mundo, papiro funerario de Nespakashuti, col. Musée du Louvre, París © RMN.

13 d: Osiris, busto de madera, vidrio y cobre, época tolemaica, col. Musée du Louvre, París © RMN; c: Tot, bajorrelieve, Valle de las Reinas, Tebas © The Bridgeman Art Library; d: estela de la Dama de Taperet, la Dama ante el dios Atón, Bajo Imperio, col. Musée du Louvre, París © RMN.

24 d: milano © Bios; c: ibis sagrado © Denis-

Huot/Bios; i: estatuilla de un ibis sagrado (manifestación zoomórfica de Tot) de madera y bronce, Bajo Imperio, col. Musée du Louvre, París © RMN.

25 sd: el Nilo, pescadores y palmeras © Hugues Fougère/Bios; d: cocodrilo del Nilo © Denis-Huot/Bios; dc: estatuilla del dios cocodrilo Sobek, bronce, Bajo Imperio, col. Musée du Louvre, París © RMN; cd: hipopótamo © Martin Harvey/Bios; id: estatuilla de un hipopótamo, fayenza azul, Imperio Medio, col. Musée du Louvre, París © RMN.

36 s: incensario, fuste de papiro acabado en una cabeza de halcón de bronce, Bajo Imperio, col. Musée du Louvre, París © Artephot; i: portadoras de ofrendas de Nakhti, Asiut, madera, Imperio Medio, col. Musée du Louvre, París © RMN; c: vista aérea de Edfú, con el templo de Horus © Yann Artus Bertrand/Altitude.

37 s: templo de Rameses II en Ábido, ofrenda, Dinastía XIX, relieve pintado, (c) Artephot/Silvio Fiore;

i: estatuilla de la diosa Maat, bronce, col. Musée du Louvre, París © RMN.

48 d: Quefrén, Guiza, col. Museo Egipcio de El Cairo © Scala; s: cartucho de Sesostris, col. Museo Egipcio de El Cairo © Scala; i: dos cetros reales, Dinastía XVIII, procedentes de la tumba de Tutankamón, col. Museo Egipcio de El Cairo © Giraudon.

49 s: Edfú, templo de Horus, coronación de Tolomeo VII Evergeta (c) AKG; d: Guiza, Esfinge (c) Mauritus/SDP; i: tríada de Micerino, col. Museo Egipcio de El Cairo © Scala.

60 s: tinaja de vino con una incisión, terracota, época tinita, col. Musée du Louvre, París © RMN; c: faluca en el Nilo /c) Hugues Fougère/Bios; i: maqueta de la barca de la tumba 366, Beni Hassan, madera pintada y lino, colección Fitzwilliam Museum, Universidad de Cambridge © The Bridgeman Art Library.

61 sc: tumba de Rekhmire, frescos © IBM; d: arbusto de incienso © Tristan Lafranchis/Bio.

78 s: crecida del Nilo © Roger-Viollet; c: reproducción de un campesino, madera pintada, col. Musée du Louvre, París © RMN; i: la presentación del ganado, reproducción en madera pintada, col. Museo Egipcio de El Cairo © Babsy/Artephot.

79 s: Nebamun, su mujer y su hija en una escena de caza, fresco, Tebas, Dinastía XVIII, Col. British Museum © The Art Bridgeman Art Library.

92 s: estatua del escriba Nebmertouf y Tot, esquisto, Imperio Nuevo, col. Musée du Louvre, París © RMN; d: tablilla de escolar, papiro, punzón de madera, Imperio Nuevo, col. Musée du Louvre, París © RMN.

93 s: reproducción de un granero y unos escribas registrando el grano procedente de la tumba de Nakhti, vista desde arriba, madera estucada y pintada, Asiut, Imperio Medio, col. Musée du Louvre, París © RMN; i: escriba sentado, piedra calcárea pintada, Imperio Antiguo, Dinastía V, col. Musée du Louvre, París © RMN.

108 d: soldados yendo a la guerra, bajorrelieve del templo de Hatshepsut, Deir-el-Bahari © Giraudon; s: anillo decorado con caballos o cornalina, finales de la Dinastía XVIII, col. Musée du Louvre, París © RMN; i: reproducción de soldados, col. Museo Egipcio de El Cairo © Dagli-Orti.

109 iz: dagas y vaina, oro, Dinastía XVIII, col. Museo Egipcio de El Cairo © Gallimard–L'Univers des Formes; d: Tutankamón arremetiendo contra los nubios, Dinastía XVIII, col. Museo Egipcio de El Cairo © Dagli-Orti; c: prisionero asiático, fayenza, Imperio Nuevo, col. Musée du Louvre, París © RMN.

120 s: Howard Carter, colección The Illustrated London News Picture Library © The Bridgeman Art Library; d: sarcófago de la Dama Madya, madera pintada, col. Musée du Louvre, París © RMN: c: despedida al muerto, *Libro de los Muertos de Ani* © British Museum; i: peso del corazón, papiro de Hunefer © British Museum.

121 s: papiro de Hunefer © British Museum; c: papiro, col. Bibliothèque Nationale de France; d: momia de Rameses II, Dinastía XIX, col. Museo Egipcio de El Cairo © Dagli Orti.

122 Escriba sentado, piedra calcárea pintada, Imperio Antiguo, Museo Egipcio de El Cairo.

123 s: manuscrito de la *Gramática egipcia* © Bibliothèque Nationale, París; d: idem.

BIBLIOGRAFÍA

Fletcher, Joann, *El Rey Sol de Egipto*, Blume, Barcelona, 2000.

McDermott, Bridget, *Decodificar y descifrar los jeroglíficos egipcios*, Blume, Barcelona, 2001.

PÁGINAS WEB

http://www.fundclos.com/c_museu.htm

http://www.louvre.fr/espanol.htm

http://www.geocities.com/colegioabersan/links_infantiles.htm